꼭 필요한
영어회화 **베스트 패턴 66**

**꼭 필요한 영어회화 베스트 패턴 66**

2015년 3월 10일 1판 4쇄 인쇄
2015년 3월 16일 1판 4쇄 발행

**지은이** | 박원규
**펴낸이** | 김남일
**펴낸곳** | **TOMATO**
**등록번호** | 제6-0622호
**주소** | 서울특별시 동대문구 답십리로38길 56 월드시티빌딩 501호
**전화** | 0502-600-4925
**팩스** | 0502-600-4924

ⓒ 박원규 2015
이 책의 저작권은 저자에게 있습니다.
서면에 의한 저자와 출판사의 허락없이 내용의 일부 또는
전부를 인용하거나 발췌하는 것은 금지되어 있습니다.

ISBN 978-89-91068-57-5
파본은 교환해 드립니다(정가는 표지에 있습니다).

토마토출판사 홈페이지(www.tomatobooks.co.kr)

# 꼭! 필요한 영어회화 베스트 패턴 66

주제별 핵심패턴

## 머리말

 외국으로 유학을 가지 않아도 학원에 다니지 않아도 영어회화를 잘 배울 수 있는 방법이 없을까요? 있습니다. 이 책은 그렇게 하지 않고도 영어회화를 효과적으로 배울 수 있도록 구성한 책입니다.

 영어 교육 현장에서 오랫동안 영어회화 수업을 담당해온 선생님들은 초보자 중에는 영어회화에 자신감을 가지지 못한 분들이 꽤 많다고 합니다. 그러나 영어를 말하는 데 필요한 가장 핵심이 되는 패턴을 알려 주는 것만으로도 그들은 큰 자신감을 얻는다고 합니다.

 영어를 말하는 데 필요한 '핵심이 되는 패턴'이란 도대체 무엇일까요? 그것은 원어민들이 '일상회화에서 가장 빈번히 쓰는 영어 패턴'이라고 생각합니다. 그래서 이 책은 영어 문장의 구성, 즉 '뼈대=문법 구조'를 '패턴'으로 마스터 하는 것을 목표로 했습니다.

 독자들이 핵심이 되는 영어 패턴만을 단기간에 마스터 할 수 있도록 원어민이 많이 쓰는 영문 패턴을 목록으로 만들고 그것을 사용빈도와 필요성의 관점에서 철저히 검증해서 가장 기본이 되는 패턴을 주제별로 분류했습니다.

 또한 패턴의 구조를 쉽게 알 수 있도록 표로 만들어 그 구조를 한눈에 파악할 수 있도록 했고, 어구를 바꿔 넣어 다양한 표현을 스스로 연습해 볼 수 있도록 구성했습니다.

 이 책에 수록된 영어 패턴은 이미 중·고등학교에서 배워 알고 있는 것이지만, 영어회화 초보자들에게 도움이 되는 두 가지 특징이 있습니다.

### 1. 일상생활이나 해외여행에서 자주 쓰이는 영어 패턴만을 수록했고, 표로 나타내 한눈에 알 수 있도록 했습니다.

 영문의 구조와 용법을 이해하지 못한 상태에서 상황에 따른 영어 표현만을 무턱대고 많이 암기하는 것만으로는 영어실력이 늘지 않습니다. 말을 만들어 낼 수 있는 기본 원리인 패턴을 알아야 상황에 따라 자유자재로 자신의 의사를 충분히 표현할 수 있는 것입니다. 이 책에서는 영어 패턴의 구조와 용법을 확실히 파악해서 익힐 수 있도록 도표를 활용했고, 활용 연습을 통해 충실히 익힐 수 있도록 구성했습니다.

2. 실제 생활에서 패턴이 어떻게 활용되는지 풍부한 dialogue로 익힐 수 있습니다.

패턴의 이해와 표현의 암기에 그치지 않고 실제 회화에서 패턴이 어떻게 쓰이고 있는지 확인할 수 있도록 dialogue를 충분히 수록해 두었습니다. 모두 일상생활이나 해외여행에서 원어민이 실제로 쓰는 생활영어이므로 dialogue를 통해 패턴의 활용 연습뿐만 아니라 응답할 때는 어떻게 하는지 다양한 대화를 통해 실제 상황처럼 연습해 볼 수 있습니다.

독자들에게 당부하고 싶은 것은 영어회화 연습을 하루도 거르지 말고 계속해 달라는 것입니다. 하루 5분, 10분이라도 상관없습니다. 성과를 얻기 위해서는 매일 계속해서 열심히 하는 것이 중요합니다.

"영어회화를 잘하고 싶다!"고 바라는 여러분 모두에게 이 책이 조금이라도 도움이 되길 바랍니다.

머리말
이 책의 구성

# Part 1　기초다지기;
## 초간단 영문법

- **품사와 문장** ·········································· 20
    1. 품사의 종류와 역할
    2. 문장의 구성
    3. 수식어, 구와 절

- **문장의 5형식** ········································ 24
    1. 1형식
    2. 2형식
    3. 3형식
    4. 4형식
    5. 5형식

- **문장의 종류** ·········································· 29
    1. 평서문
    2. Yes-No 의문문
    3. 명령문
    4. 감탄문

- **의문문의 종류** ... 33
    1. 부가의문문
    2. 부정의문문
    3. 의문사로 시작하는 의문문
    4. 선택의문문
    5. 간접의문문

- **시제** ... 36
    1. 현재시제
    2. 과거시제
    3. 미래시제
    4. 진행시제
    5. 완료시제

## Part 2 영어 패턴 연습; 의문문과 대답 패턴

### 1. Yes-No 의문문 패턴 ········· 54
  1. be동사 의문문 패턴
  2. 일반 동사 의문문 패턴
  3. 완료형 의문문 패턴
  4. 조동사 의문문 패턴
  ◆ 패턴연습
  ◆ 회화연습

### 2. 의문사로 시작하는 의문문 패턴 ········· 64
  1. 의문대명사를 쓴 의문문 패턴
  2. 의문형용사를 쓴 의문문 패턴
  3. 의문부사를 쓴 의문문 패턴
  ◆ 패턴연습
  ◆ 회화연습

### 3. 간접의문문 패턴 ········· 72
  1. 의문사가 있는 간접의문문 패턴
  2. 의문사가 주어일 때의 간접의문문 패턴
  3. 의문사를 쓰지 않은 간접의문문 패턴
  4. 주의해야 할 간접의문문 패턴
  ◆ 패턴연습
  ◆ 회화연습

### 4. 부가의문문 패턴 ........................................................ 80
1. 긍정문 · 부정문의 부가의문문 패턴
2. 명령문 · Let's ~.문장의 부가의문문 패턴
◆ 패턴연습
◆ 회화연습

# Part 3 영어 패턴 연습; 주제별 핵심 패턴

### 1. 정보 · 상태 표현 패턴 ........................................................ 88
1. …은 ~이다. ▶ … am(are, is)+명사.
2. …은 ~이다. ▶ … am(are, is)+형용사.
◆ 패턴연습
◆ 회화연습

### 2. 존재 표현 패턴 ........................................................ 94
1. …은 ~에 있다. ▶ … am(are, is)+전치사+명사.
2. …가 ~에 있다. ▶ There is(are) …(+전치사+명사).
◆ 패턴연습
◆ 회화연습

### 3. 소유 표현 패턴 ......................................................... 100

1. ~을 가지고 있다. ▶ I have+명사 ~.
2. ~을 갖고 있지 않다. ▶ I have no+명사 ~.
3. ~을 갖고 있습니까? ▶ Do you have+명사 ~?
◆ 패턴연습
◆ 회화연습

### 4. 명령·주의 표현 패턴 ..................................................... 106

1. ~해라.(~하세요.) ▶ (Please)+동사원형 ~.
2. ~하지 마라. ▶ Don't+동사원형 ~.
◆ 패턴연습
◆ 회화연습

### 5. 충고·조언 표현 패턴 ..................................................... 112

1. ~하세요. ▶ You should+동사원형 ~.
2. ~했어야 했다. ▶ You should have+과거분사 ~.
3. ~하면 어때요? ▶ Why don't you+동사원형 ~?
4. …해라, 그러면 ~할 것이다 ▶ 명령문, and ~.
◆ 패턴연습
◆ 회화연습

### 6. 필요·의무 표현 패턴 ..................................................... 120

1. ~해야 한다. ▶ I must+동사원형 ~.
2. ~할 필요 없다. ▶ I needn't+동사원형 ~.
3. ~해야 합니까? ▶ Must I+동사원형 ~?
◆ 패턴연습
◆ 회화연습

### 7. 의향을 묻는 표현 패턴 ─ 126

1. ~할까요? ▶ Shall I(we)+동사원형 ~?
2. 언제 ~할까요? ▶ When shall I(we)+동사원형 ~?
3. 어떻게 ~하시겠어요? ▶ How do you want to+동사원형 ~?
4. 그에게 ~하라고 할까요? ▶ Do you want him to+동사원형 ~?
◆ 패턴연습
◆ 회화연습

### 8. 제안 표현 패턴 ─ 134

1. ~하자. ▶ Let's+동사원형 ~.
2. ~할까요? ▶ Can we+동사원형 ~?
3. ~하지 않겠어요? ▶ Will you+동사원형 ~?
◆ 패턴연습
◆ 회화연습

### 9. 권유 표현 패턴 ─ 142

1. ~은 어때요? ▶ How about+명사 ~?
2. ~은 어떻습니까? ▶ Would you like+명사 ~?
◆ 패턴연습
◆ 회화연습

### 10. 요청 · 부탁 표현 패턴 ─ 148

1. ~해 주세요. ▶ Please+동사원형 ~.
2. ~해 주겠어요? ▶ Will you (please)+동사원형 ~?
3. ~해 주시겠습니까? ▶ Do you mind+동사원형ing ~?
◆ 패턴연습
◆ 회화연습

### 11. 희망 · 바람 표현 패턴 ......... 156

1. ~하고 싶다. ▶ I'd like to+동사원형 ~.
2. ···가 ~해주었으면 한다. ▶ I'd like+사람+to 동사원형 ~.
3. ~를 주세요. ▶ I'd like+명사 ~.
4. ···를 ~해주면 좋겠다. ▶ I'd like+명사(사물)+과거분사 ~.
5. ~하기를 바란다. ▶ I hope (that)+주어+동사 ~.
6. ~라면 좋겠다. ▶ I wish+주어+동사(과거형) ~.
◆ 패턴연습
◆ 회화연습

### 12. 예정 · 계획 표현 패턴 ......... 168

1. ~하겠다(~할 작정이다). ▶ I'll+동사원형 ~.
2. ~할 작정이다. ▶ I'm going to+동사원형 ~.
3. ~할 작정이다. ▶ I'm +동사원형ing ~.
◆ 패턴연습
◆ 회화연습

### 13. 허락 표현 패턴 ......... 174

1. ~해도 돼요? ▶ Can I+동사원형 ~?
2. ~해도 되겠어요? ▶ May I+동사원형 ~?
3. ~해도 괜찮겠어요? ▶ Is it all right if I+동사원형 ~?
4. ~해도 괜찮겠어요? ▶ Do you mind if I+동사원형 ~?
◆ 패턴연습
◆ 회화연습

### 14. 의견 · 생각 표현 패턴 — 182

1. ~일 것 같다. ▶ I think (that)+주어+동사 ~.
2. ~라고 믿는다. ▶ I believe (that)+주어+동사 ~.
3. ~일 것 같다. ▶ I guess (that)+주어+동사 ~.
4. ~이면 좋겠다. ▶ I hope (that)+주어+동사 ~.
5. ~일 것 같습니까? ▶ 의문사+do you think ~?
◆ 패턴연습
◆ 회화연습

### 15. 장소 · 시간을 묻는 표현 패턴 — 192

1. …은 어디 있습니까? ▶ Where+be동사+주어 ~?
2. …은 언제 입니까? ▶ When+be동사+주어 ~?
◆ 패턴연습
◆ 회화연습

### 16. 사람 · 사물을 묻는 표현 패턴 — 196

1. …은 누구입니까? ▶ Who+be동사+주어 ~?
2. …은 무엇입니까? ▶ What+be동사+주어 ~?
3. 어느 것이 ~입니까? ▶ Which+동사 ~?
◆ 패턴연습
◆ 회화연습

### 17. 정도 · 방법 · 상태를 묻는 표현 패턴 — 202

1. 얼마나 ~입니까? ▶ How+be동사+주어 ~?
2. 얼마나 ~입니까? ▶ How+형용사(부사) ~?
◆ 패턴연습
◆ 회화연습

# 이 책의 구성

## PART 1
### 기초 다지기 | 초간단 영문법

영문이 만들어지는 규칙 즉 문법을 모르면 패턴을 이해하기 어렵습니다. 이 책을 공부하기 위해 꼭 알고 있어야 할 영문법의 기본이 되는 것 중 그 핵심이 되는 것만을 추려 간단히 정리해 두었습니다.

# PART 2
## 영어패턴 연습 — 의문문과 대답 패턴

**패턴 주제**
패턴을 주제에 따라 분류했습니다.

**주제 설명**
주제에 공통되는 내용을 핵심만을 추려 간결하게 설명했습니다.

**패턴과 예문**
패턴을 도표로 만들어 문장의 구조를 한눈에 파악할 수 있고, 예문을 통해 쉽게 이해할 수 있도록 했습니다.

**패턴 연습**
왼쪽에 우리말, 오른쪽에 영어 표현을 배치해서 우리말 표현을 보고 영어 표현을 만들어 볼 수 있도록 했습니다. 영어 표현에는 우리말 발음을 달아 영어발음에 익숙하지 않은 분들도 쉽게 배울 수 있도록 했습니다.

**회화 연습**
패턴이 실제 회화에서는 어떻게 활용되어 쓰이는지 확인해 볼 수 있도록 다양한 diaolgue를 수록했고, 혼자서도 연습해 볼 수 있도록 구성했습니다.

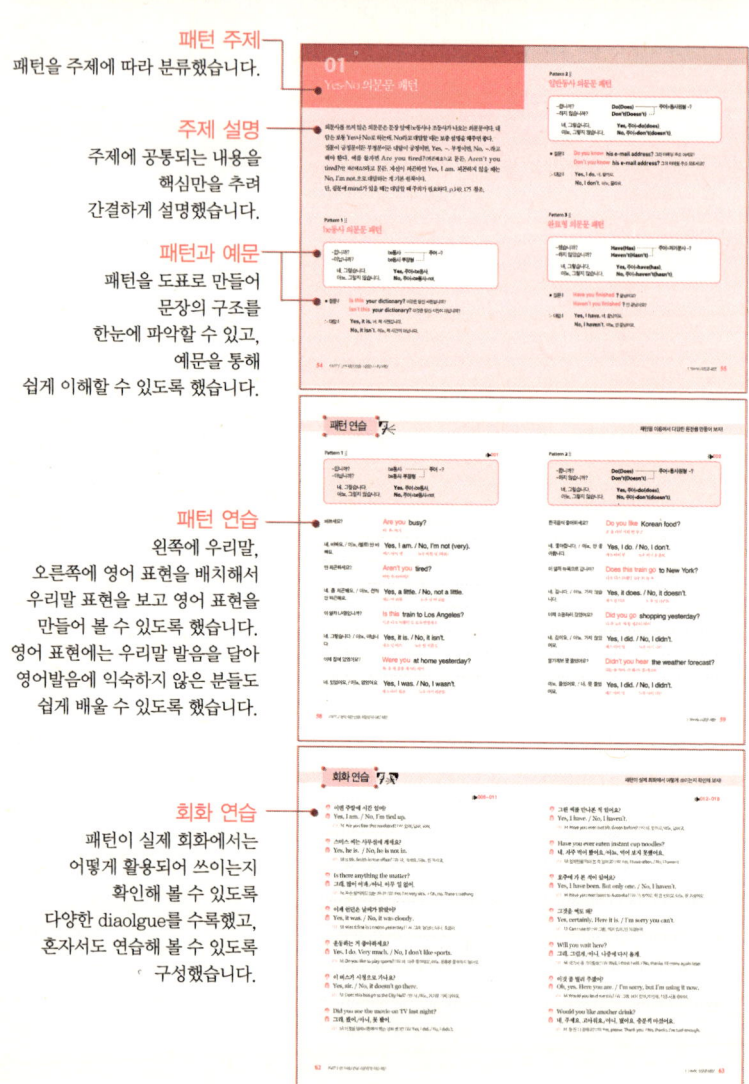

16

# PART 3
## 영어패턴 연습 — 주제별 핵심 패턴

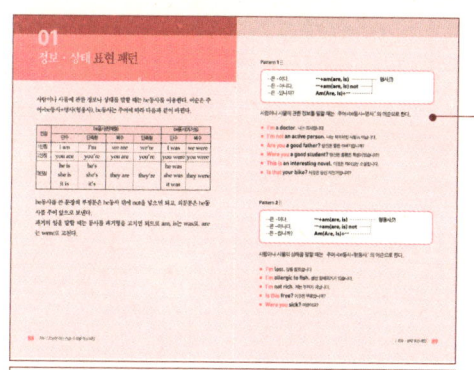

**패턴 해설**
설명이 필요한 것에는
그 패턴에 관한
해설을 간결하게 달았습니다.

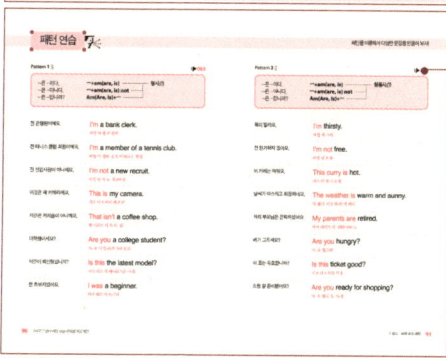

**표현 연습 mp3파일**
원어민이 약간 느린 속도로
영어 표현을 두 번 들려 줍니다.
먼저 우리말 표현을 보면서
영어 표현을 들으세요.
그 다음에 영어 표현을 가리고
우리말 표현만 보고
원어민이 말하는 발음과 속도로
따라 말하는 연습을 해 주세요.

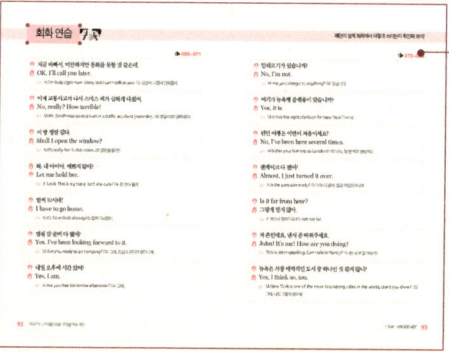

**회화 연습 mp3파일**
원어민의 일상적인 대화 속도로
녹음을 했고, diaolgue는 각각의
파일로 나눠 두 번 반복해서
수록되어 있습니다. 연습할 때는
먼저 두 사람의 대화를 듣고
의미를 파악해 주세요.
그 다음에 교재의 연습할 부분을
보고 신호음이 들리면 그에 따라
원어민의 대화 속도로
말하는 연습을 하면 됩니다.

17

# PART

# 1

# 기초 다지기
# 초간단 영문법

# 품사와 문장

## 1 품사의 종류와 역할

영어의 최소 단위는 단어이다. 단어는 그 역할에 따라 다음과 같은 10개의 품사로 나눌 수 있다.

❶ 명 사: 사람이나 사물의 이름을 나타내는 말이다.
   예) teacher, John, book, guitar, coffee, Seoul 등

❷ 대명사: 명사 대신 쓰이는 말이다.
   예) I, you, he, she, they, it, this, that, who, which 등

❸ 형용사: 명사를 수식하는 말로 명사의 성질, 상태, 수량 등을 나타낸다.
   예) kind, beautiful, big, new, many, some, three 등

❹ 관 사: 명사 앞에 놓이는 말이다. a(an), the가 있다.

❺ 동 사: 사람이나 사물의 행동·상태를 설명하는 말이다. be동사와 일반동사(go, swim, sing, talk 등)가 있다.

❻ 조동사: 동사 앞에 놓여 '~할 수 있다' '~일지도 모른다' '~해야 한다' 등의 의미를 더해주는 말이다.
   예) will, can, may, must, would, should 등

❼ 부 사: 동사·형용사·부사를 수식하는 말로, 모습이나 때·장소, 정도·횟수 등을 나타낸다.
   예) very, carefully, fast, here, often 등

❽ 전치사: 명사나 대명사 앞에 놓여 그 명사·대명사와 함께 형용사나 부사 역할을 하는 말이다.
   예) to, for, from, with, at, by, in, of, on

❾ 접속사: 단어와 단어, 구와 구, 절과 절을 연결하는 말이다.
  예) and, or, but, when, because, if 등

❿ 감탄사: 놀람·기쁨·슬픔 등의 감정을 나타내는 말이나 맞장구, 부르는 말 등이다.
  예) oh, alas, well, wow, oops 등

## 2 문장의 구성

영어 단어는 규칙에 따라 배열되어 여러 가지 의미를 나타낸다. 이 규칙을 문법이라고 한다. 여기서는 문법의 기본이 되는 문장의 구성 규칙을 보도록 하자.

영문은 주어와 동사 외에 여러 요소가 결합해서 구성된다. 여러 요소란 목적어·보어·수식어 세 가지를 말한다. 주어·동사·목적어·보어를 문장의 요소라 하며 기본 문형을 만든다.

❶ 주 어(S): 문장에서 '~가(은)'에 해당하는 말로 행동의 주체 또는 문장의 주체를 나타낸다. 주어가 될 수 있는 것은 명사와 대명사다.

❷ 동 사(V): 문장에서 '~한다' '~이다' 라고 주어의 행동이나 상태를 설명한다. 동사에는 자동사와 타동사가 있다.
  자동사: 뒤에 목적어가 필요 없는 동사. 기본적으로 주어와 동사만으로 의미가 통한다.
  타동사: 뒤에 목적어가 있어야 하는 동사. 뒤에 명사를 붙여 의미를 나타낸다.

❸ 목적어(O): 타동사 뒤에 놓이는 '~을'에 해당하는 말이다. 목적어가 될 수 있는 것은 명사와 대명사이다.

❹ 보 어(C): 주어나 목적어의 행동이나 상태를 보충 설명해 주는 말이다. 보어가 될 수 있는 것은 명사나 형용사다.

❺ 수식어(M): 문장이나 어구를 설명해주는 말이다. 단어(형용사·부사) 또는 그와 같은 역할을 하는 구(전치사+명사 등)로 구성된다.

대부분의 영문은 주어(Subject)를 중심으로 한 부분(주어부)과 동사(Verb)를 중심으로 한 부분(술어부), 그리고 그것들을 보충 설명하는 수식어(Modifier)로 구성된다.

## 3 수식어, 구와 절

영문에서 주어부와 술어부 이외의 것을 수식어라고 한다. 수식어는 때·장소·상태 등을 나타내며 수식어가 붙어 문장은 더욱 구체적이고 생동감이 있게 된다. 수식어에는 다음의 두 가지가 있다.

### ❶ 명사를 수식하는 것

- 한 단어일 때 → 형용사
  **Look at the beautiful stars.**
  아름다운 별들을 좀 보세요.

- 두 단어 이상일 때 → 형용사구 (전치사나 부정사 또는 분사로 시작한다)
  **Look at the stars in the sky.**
  하늘에 있는 별들을 좀 보세요.

- 주어와 동사를 포함하는 것 → 형용사절 (관계대명사로 시작한다)
  **Look at the stars that are shinning in the sky.**
  하늘에서 반짝이는 별들을 좀 보세요.

### ❷ 동사, 형용사 또는 부사를 수식하는 것

- 한 단어일 때 → 부사
  **Chanho speaks Spanish well.**
  찬호는 스페인어를 능숙하게 말한다.

- 두 단어 이상일 때 → 부사구 (전치사나 부정사 또는 분사로 시작한다)
  **Danny studied Korean at this university.**
  대니는 이 대학에서 한국어를 공부했다.

- 주어와 동사를 포함하는 것 → 부사절 (접속사 등으로 시작한다)
  **Sunhee was late for work because she missed the bus.**
  선희는 버스를 놓쳐서 지각했다.

영문 = 주어부 + 술어부 + 수식어
(주어를 중심으로 한 부분) (동사를 중심으로 한 부분)

**Randy is a law school student.** 랜디는 법대생이다.
S　V　　　C

**Mary speaks Korean.** 메리는 한국어를 말한다.
S　V　　O

**Susie plays the violin very well.** 수지는 바이올린 연주를 아주 잘한다.
S　V　　O　　　M

**Chanho is a member of our tennis club.** 찬호는 우리 테니스 클럽 회원이다.
S　　V　C　　　M

**We talked on the phone for over an hour.** 우리는 전화로 한 시간 넘게 통화했다.
S　V　　M　　　　M

# 문장의 5형식

영어 문형은 크게 5가지로 나눌 수 있다. 자동사를 사용하는 1형식(S+V)·2형식(S+V+C)과 타동사를 사용하는 3형식(S+V+O)·4형식(S+V+O+O)·5형식(S+V+O+C)이 있다.

## 1 1형식

1형식은 **주어(S)+동사(V)** 형태이고 '주어(S)가 ~한다' 또는 '주어(S)는 ~에 있다'라는 의미를 나타낸다. 주어(S)+동사(V)만으로도 문장이 성립하지만 '전치사+명사' 등의 수식어를 동반할 때가 많다.

1형식에 쓰이는 대표적인 동사는 come, go, run, arrive, walk, live, stay, get up 등이 있다.

**The sun rises.** 해가 뜬다.
   S    V

**Nancy went to the park yesterday.** 어제 낸시는 공원에 갔다.
  S   V        M

**Our school begins in September.** 우리 학교는 9월에 시작한다.
    S      V      M

**My grandfather died in peace.** 할아버지는 편안히 돌아가셨다.
    S       V    M

※ our school, my grandfather를 주어로 표기했지만, 정확히 말하면 school, grandfather가 주어, our, my는 수식어.

### There is(are) ~. 패턴

'~가 있다'라는 의미를 나타낸다. 과거형(~가 있었다)은 There was(were) ~.가 된다. 이 패턴은 정관사 the나 my·her와 같은 특정 사물이나 사람을 가리키는 말이 있을 때는 쓸 수 없다.

**There is a woman waiting for you.** 당신을 기다리는 여성이 있다.
     V    S       M

**There is no room for doubt.** 의심할 여지가 없다.
　V　S　　　　M

※ 주어 뒤에 수식어가 올 때가 많다.

## 2 2형식

2형식은 **주어(S)+동사(V)+보어(C)** 형태이고 '주어(S)는 ~이다'라는 의미를 나타낸다. 동사 뒤에 보통 주어를 설명하는 보어(C)가 필요하고 주어와 보어는 '주어=보어' 관계에 있다. 명사·대명사·형용사 등이 보어로 쓰인다.

**Rugby is the national sport in New Zealand.**⟨S=C⟩ 럭비는 뉴질랜드의 국기이다.
　S　　V　　　　C

**My watch is a few minutes slow.**⟨S=C⟩ 내 시계는 몇 분 늦는다.
　S　　　V　　　C

2형식에 쓰이는 다른 동사로 바꿔도 문장의 구조는 변하지 않는다.

**Your voice sounds strange.**⟨S=C⟩ 네 목소리가 이상하다.
　S　　　　V　　　C

= **Your voice is strange.**⟨S=C⟩
　　S　　　V　　C

2형식에 쓰이는 동사는 'S는 C이다.' 'S는 C가 된다.' 'S는 C인 것 같다.'라는 관계를 나타낸다.

❶ **모습:** appear, look, seem(~해 보인다)
　　**Dr. Still seems very happy about the news.**
　　스틸 박사는 그 소식을 듣고 매우 행복한 것 같다.

❷ **상태:** keep, stay, remain(~한 채로 있다)
　　**Rudy kept silent for a long time.** 루디는 한참동안 말이 없었다.

❸ **변화:** become, get, grow, turn(~상태가 되다)
　　**Everybody got angry at his attitude.** 그의 태도에 모두들 화가 났다.

❹ **감각:** feel(~느낌이 들다), smell(~냄새가 난다), taste(~맛이 난다), sound(~처럼 들린다)
　　**The story didn't sound true.** 그 얘기는 사실처럼 들리지 않았다.

## 3 3형식

3형식은 **주어(S)+동사(V)+목적어(O)** 형태이고 '주어(S)는 목적어(O)를 ~한다' 라는 의미를 나타낸다. 주어+동사 뒤에 '~을'에 해당하는 목적어(O)가 필요하다. 목적어로 쓰이는 것은 명사·대명사·동명사·부정사·명사절이다. 목적어로 인칭대명사가 올 때는 목적격을 쓴다.

**The doctor** **discovered** **a new disease** by accident.
  S    V    O

우연히 그 의사는 새로운 질병을 발견했다.

**I know him.** 나는 그를 알고 있다.
S V  O

agree to 또는 listen to와 같은 '자동사+전치사'는 타동사로 취급하므로 목적어(O)를 취할 수 있다.

Of course **I** **agree with** **your opinion**. 물론 나는 당신 의견에 찬성합니다.
    S  V    O

### ※ 2형식과 3형식의 구별

2형식과 3형식을 구별하는 방법은 주어+동사 뒤에 오는 요소를 보면 된다. 동사 뒤에 오는 명사가 주어=명사의 관계면 2형식, 주어≠명사면 3형식이다.

**She** **became** **a teacher.** 〈S=C〉 그녀는 교사가 되었다.
 S  V   C

**She** **likes** **music.** 〈S≠O〉 그녀는 음악을 좋아한다.
 S  V  O

## 4 4형식

4형식과 5형식은 특별한 타동사로 만들어진다. 따라서 이들 특별한 타동사만 알아두면 어렵지 않다.

4형식은 두 개의 목적어를 취해서 **주어(S)+동사(V)+목적어(O¹)+목적어(O²)** 형태이고 '주어(S)는 O¹에게 O²를 ~한다'는 의미를 나타낸다. 목적어¹을 간접목적어(~에게)라 하고 주로 사람·생물이 오며, 목적어²를 직접목적어(~을)라 하고 주로 사물이 온다.

<u>I</u> <u>gave</u> <u>him</u> <u>a book</u>. 나는 그에게 책을 주었다.
　S　　V　　O¹　　O²

4형식에 쓰이는 동사는 의미에 따라 2가지로 나눌 수 있다.

❶ give형 동사: **give**(주다) · **hand**(건네주다) · **lend**(빌려주다) · **send**(보내다)
　　　　　　　**show**(보여주다) · **teach**(가르쳐주다) · **tell**(알려주다)

He sent John an e-mail from Seoul. 서울에서 그는 존에게 이메일을 보냈다.
Kate told us a funny story. 케이트가 우리에게 재미있는 얘기를 해주었다.

❷ buy형 동사: **buy**(사주다) · **choose**(고르다) · **find**(찾다) · **get**(얻다)
　　　　　　　**make**(만들어주다) · **leave**(남겨두다)

He bought me a cotton sweater. 그가 나에게 면 스웨터를 사주었다.
My sister made me a picnic lunch. 누나가 나에게 도시락을 싸주었다.


### ※ 4형식을 3형식으로 바꾸는 방법

영어는 강조하는 내용이 뒤에 오므로 전치사를 쓰면 to나 for 이하를 강조하는 게 된다.

❶ give형 동사는 '주어+동사+사물+to+사람'으로 고친다.

The teacher teaches us mathematics.
→ The teacher teaches mathematics to us.
　　　　　　　　　　　　　　　　　전치사구

❷ buy형 동사는 '주어+동사+사물+for+사람'으로 고친다.

She got the passenger some water.
→ She got some water for the passenger.
　　　　　　　　　　　　전치사구


### 5 5형식

5형식은 **주어(S)+동사(V)+목적어(O)+보어(C)** 형태이고 '주어(S)는 목적어(O)를 보어(C)하게 한다'라는 의미를 나타낸다. 주어+동사 뒤에 목적어(O)와 보어(C)가 필요하다. 5형식의 보어는 목적어를 설명하므로 'O=C'의 관계가 성립한다.

**He made me a doctor.** 〈O=C〉 그는 내가 의사가 되게 했다.(즉 I = doctor)
　S　V　O　　C

5형식에 쓰이는 동사는 의미에 따라 3가지로 나눌 수 있다.

❶ O를 C하게 한다: **make**(~한 상태로 만들다) · **keep**(~하게 유지하다)
　　　　　　　　**leave**(~한 상태로 두다) · **paint**(~으로 칠하다)

We should **keep** <u>our classroom</u> <u>clean</u>.〈O=C〉 교실을 깨끗이 해 두어야 한다.
　　　　　　　　O　　　　　　C

❷ O를 C라고 부른다: **call**(~라고 부르다) · **name**(~라고 이름 짓다)
　　　　　　　　**elect**(~로 선출하다)

They **elected** <u>him</u> <u>mayor</u>.〈O=C〉 그들은 그를 시장으로 선출했다.
　　　　　　O　　C

❸ O를 C라고 생각한다: **find**(~라고 알게 되다) · **think**(~라고 생각하다)

I **found** <u>the cage</u> <u>empty</u>.〈O=C〉 나는 새장이 빈 것을 알았다.
　　　　　O　　　C

# 문장의 종류

## 1 평서문

영문은 평서문·의문문·명령문·감탄문의 4종류로 나눌 수 있다.
평서문은 사실이나 상황을 그대로 표현하는 문장으로 긍정문과 부정문이 있다. 문장 끝에는 마침표(.)를 붙이고 말할 때는 끝을 내린다.

❶ 긍정문: not 등의 부정의 뜻을 가진 말이 들어있지 않은 문장.

> be동사 긍정문 → S+be동사 ~.
> 일반 동사 긍정문 → S+일반 동사 ~.

**Mr. Smith is a doctor.** 스미스 씨는 의사이다.
**Sunhee speaks Chinese.** 선희는 중국어를 말한다.

❷ 부정문: not 등의 부정의 뜻을 가진 말을 써서 내용을 부정하는 문장. 기본형은 'be동사(조동사)+not+~'

> be동사(조동사) 부정문 → S+be동사(조동사)+not+~.
> 일반 동사 부정문 → S+do(does)+not+동사원형 ~.

**Mr. Simth is not a doctor.** 스미스 씨는 의사가 아니다.
**Sunhee doesn't speak Spanish.** 선희는 스페인어를 못한다.

### ※ not을 사용하지 않는 부정 표현

no, never, little, few 등은 조동사 do 없이 부정문을 만든다.

**There is no water.** 물이 전혀 없다.
**I'll never forget him.** 그를 절대로 잊지 않을 겁니다.
**She has few books.** 그녀는 책이 거의 없다.
**He has little money.** 그는 돈이 거의 없다.

## 2 Yes-No 의문문

단순하게 사실을 확인하는 질문을 말한다. 다른 사람에게 행동이나 상태를 단순히 묻는 것이어서 항상 동사가 앞에 나온다. 대답은 기본적으로 Yes 아니면 No이므로 Yes-No 의문문이라고 한다.

> be동사(조동사) 의문문 → Be동사(조동사)+S+~?
> 일반동사 의문문 → Do(Does)+S+동사원형 ~?

**Is** he a friend of yours? 그 분이 당신 친구인가요?
**Does** she speak English? 그녀는 영어를 합니까?

## 3 명령문

상대방(You)에게 '~해라(하지 마라)'라고 명령하거나, '~해 주세요'라고 부탁·충고·요구하는 문장이다. 상대방에게 어떤 행동을 요구하는 말이므로 당사자는 항상 You가 된다. 따라서 주어인 You를 생략하고 동사원형으로 문장을 시작한다.

❶ **긍정명령문**: 동사원형으로 문장을 시작한다.

> 동사원형(Be)+~.

**Be** careful about what you say. 말을 조심해라.
**Clean** your room. 방을 치워라.

❷ **부정명령문**: 'Don't(Never)+동사원형 ~.'으로 표현한다. Never를 쓰면 의미가 더욱 강해진다.

> Don't(Never)+동사원형+~.

**Don't** be late for school. 수업에 늦지 마.
**Don't** close the door, please. 문을 닫지 마세요.
**Never** give up. 절대로 포기하지 마.

※ **공손한 명령문**

❶ 명령문 앞이나 뒤에 please를 붙이면 공손한 어감이 된다. please를 문장 끝에 붙일 때는 앞에 콤마(,)를 붙인다.

> Please+명령문.
> 명령문, please.

Please show me your notebook. 당신의 노트를 보여주세요.
Please don't use my bike. 내 자전거를 사용하지 마세요.
Write your name here, please. 여기에 당신 이름을 쓰세요.

❷ 명령문 뒤에 will(won't) you를 붙이면 공손하게 부탁하거나 권유하는 표현이 된다.

> 명령문, will(won't) you?

Give me a hand, will you? 좀 도와줄래요?

❸ 'Let's+명령문'도 제안이나 권유할 때 쓰지만, 명령이나 강요에 가까우므로 가까운 사이에 쓴다.

> Let's+명령문, shall we?

Let's have a break, shall we? 우리 좀 쉴까?

## 4 감탄문

기쁨·슬픔·놀람 등의 감정을 표현하는 문장으로 문장 끝에 감탄부호(!)를 붙인다.

❶ How로 시작하는 감탄문: 형용사·부사를 강조한다.

> How+형용사(부사)+주어+동사 ~!

How lucky you are! 너 참 운이 좋다!
How fast he runs! 그는 정말 빨리 뛰는구나!

❷ **What으로 시작하는 감탄문:** 명사를 강조한다.

> **What+a(an)+형용사+명사+주어+동사~!**

**What** an old clock you have! 참 오래된 시계를 갖고 있구나!
**What** a tall building that is! 저거 참 큰 건물이구나!

# 의문문의 종류

Yes-No 의문문 외에 평서문에 붙여 동의를 구하거나 가벼운 의문을 나타내는 부가의문문, not을 포함하는 단축형으로 시작하는 부정의문문, what 등의 의문사로 시작하는 의문문, or를 사용해서 둘 중에서 선택을 요구하는 선택의문문, 의문문이 다른 문장의 일부로 들어가 있는 간접의문문이 있다.

## 1 부가의문문

긍정문이나 부정문 뒤에 의문문을 붙여 자기가 한 말에 동의를 구하거나 가벼운 의문을 나타내는 문장을 부가의문문이라고 한다. 앞 문장이 긍정이면 부가의문은 부정으로, 앞 문장이 부정이면 부가의문은 긍정으로 붙이면 된다.

> **긍정문,+부정의문문?**
> **부정문,+긍정의문문?**

**He is a doctor, isn't he?** 그는 의사죠, 그렇죠?
긍정문          부정의문문

**You don't go to school today, do you?** 오늘 수업 없지, 그렇지?
부정문                         긍정의문문

## 2 부정의문문

Don't you ~? 또는 Aren't you ~?처럼 not을 포함하는 단축형으로 시작하는 의문문을 부정의문문이라고 한다.

**Don't you** sleep well at night? 밤에 잠을 푹 못 자세요?

부정의문문에 대답할 때는 우리말 식으로 대답하면 잘못된 대답을 할 가능성이 많다. 대답하는 내용이 부정이면 No로 대답하고, 긍정이면 Yes로 해야 한다.

**Don't you know her e-mail address?** 그녀의 이메일 주소를 몰라요?
　**Yes, I do.** (I know her e-mail address.) 아뇨, 알아요.
　**No, I don't.** (I don't know her e-mail address.) 네, 몰라요.

### 3 의문사로 시작하는 의문문

what, when, where, which, who, why, how 등의 의문사로 시작하는 의문문으로 Yes나 No로 대답하지 않는다.

#### ❶ be동사 · 일반 동사가 쓰인 의문사 의문문

의문사가 문장의 맨 앞에 오며 뒤는 be동사 · 일반 동사 의문문의 어순이 된다.

> 의문사+do(does)+주어+동사원형 ~?
> 의문사+be동사+주어 ~?

　**What do you do in your free time?** 한가한 시간에는 뭘 하세요?
　**Where does he live?** 그는 어디 살아요?
　**Why are you angry?** 왜 화가 났어요?

#### ❷ 의문사가 주어인 의문문

의문사가 문장의 주어일 때는 바로 뒤에 동사가 온다.

> 의문사+동사(be동사) ~?

　**Who did it?** 누가 했어요?
　**Which is yours, this or that?** 이것과 저것 중에 어느 것이 당신 거죠?

## 4 선택의문문

or를 사용해서 둘 중에서 선택을 요구하는 의문문으로 Yes나 No로 대답하지 않는다. 발음할 때는 or 앞의 말을 올리고, or 뒤의 말을 내린다.

**Are you a doctor or an engineer?** 의사입니까, 아니면 엔지니어입니까?
**Does he play soccer on Saturday or Sunday?**
그는 토요일에 축구를 합니까, 아니면 일요일에 합니까?
**Will you have tea or coffee?** 홍차를 드실래요, 커피를 드실래요?

## 5 간접의문문

의문사로 시작하는 의문문이 다른 문장의 일부로 들어가 있는 것을 간접의문문이라고 한다. 간접의문문의 어순은 평서문의 어순으로 한다는 점에 주의해야 한다.

**Do you know where he is?** 그가 어디 있는지 아세요?
**Do you know who was crying?** 누가 울고 있었는지 아세요?
**I know what is on the desk.** 책상 위에 뭐가 있는지 알아요.
**I know why you think so.** 당신이 왜 그렇게 생각하는지 알아요.

# 시제

영어는 동사의 형태를 변화시켜 시간적으로 다른 사건이나 행동을 나타낸다. 이것을 '시제'라고 한다. 모든 시제의 기본이 되는 현재·과거·미래를 기본시제라고 한다. 영어 시제는 모두 12종류가 있다.

| 기본시제 | 과거 | 현재 | 미래 |
|---|---|---|---|
| 진행시제 | 과거진행<br>(was/were+ing) | 현재진행<br>(am/are/is+ing) | 미래진행<br>(will be+ing) |
| 완료시제 | 과거완료<br>(had+p.p.) | 현재완료<br>(have/has+p.p.) | 미래완료<br>(will have+p.p.) |
| 완료진행시제 | 과거완료진행<br>(had been+p.p.) | 현재완료진행<br>(have/has been+p.p.) | 미래완료진행<br>(will have been+p.p.) |

## 1 현재시제

현재의 행동이나 상태를 표현하는 시제를 현재시제라고 한다. 현재시제에는 동사 현재형을 쓴다. be동사와 have동사를 제외한 일반 동사 현재형은 주어가 3인칭 단수일 때 외에는 동사원형과 같다.

### ❶ be동사 현재형

be동사 현재형은 is · am · are를 주어에 따라 구별해서 쓴다.

| 인칭 | 주어 | be동사 |
|---|---|---|
| 1인칭 | I | am |
| 2인칭 | You | are |
| 3인칭 | He(She, It) | is |
| 복수 | We(You, They) | are |

## ❷ 일반 동사 현재형

일반 동사 현재형은 동사원형을 쓴다. 단, 주어가 3인칭 단수일 때는 동사원형의 어미에 -(e)s를 붙인다. -(e)s를 붙이는 방법은 다음과 같다.

| 동사의 어미 | 붙이는 방법 | 예 |
|---|---|---|
| -o, -s, -ch, -sh, -x | -es를 붙인다. | goes, teaches, finishes, passes |
| 자음+y | y를 i로 고치고 -es를 붙인다. | cries, studies, tries, marries |
| 이외의 동사 | -s를 붙인다. | likes, plays, reads, walks |

## ❸ 현재시제의 용법

현재시제는 현재의 상태·습관, 일반적 사실이나 불변의 진리 등을 나타낸다.

1. 현재의 상태를 나타낸다.

'(현재) ~다'라는 현재의 상태를 표현할 때는 동사 현재형을 쓴다. like, feel, have 등의 상태를 나타내는 동사가 주로 쓰인다.

**He is our math teacher.** 그는 우리 수학 선생님이다.
**I like this sweater very much.** 이 스웨터가 매우 마음에 든다.

2. 현재의 습관을 나타낸다.

'(항상, 대개) ~한다'라는 현재의 습관이나 반복적인 행동을 나타낸다. every ~, always, usually 등의 부사와 함께 쓰일 때가 많다.

**I swim every day.** 나는 매일 수영한다.
**John usually goes to school on foot.** 존은 주로 걸어서 통학한다.

3. 일반적 사실이나 불변의 진리를 나타낸다.

시간에 관계없이 변하지 않는 사실이나 진리를 나타낸다.

**The earth moves around the sun.** 지구는 태양의 주위를 돈다.
**Light travels faster than sound.** 빛은 소리보다 빨리 이동한다.

4. 가까운 미래를 나타낸다.

변경될 여지가 없는 미래의 예정을 나타내므로 행사나 교통기관의 운행일정에 많이 쓰인다. 주로 왕래·발착을 나타내는 동사(arrive, leave, come, go 등)가 쓰인다.

**The next train arrives at 11.** 다음 열차는 11시에 도착합니다.

## 2 과거시제

과거시제는 동사 과거형을 써서 과거의 행동·상태·사실을 나타낸다. be동사 과거형은 주어가 1·3인칭 단수일 때는 was(am, is의 과거형), 그 외의 다른 주어일 때는 were(are의 과거형)를 쓴다. 일반동사 과거형은 어미에 -ed를 붙이는 규칙변화와 동사마다 다르게 변화하는 불규칙변화가 있다.

### ❶ 과거형 만드는 방법

| 동사의 어미 | -ed 붙이는 방법 | 예 |
| --- | --- | --- |
| -e | -d만 붙인다. | loved, moved, used |
| 자음+y | y를 i로 고치고 -ed를 붙인다. | cried, carried, studied |
| 단모음+자음 | 마지막 자음글자를 중복하고 -ed | stopped, omitted, preferred |
| ※ 예외: '단모음+자음'으로 끝나는 말이라도 마지막 음절에 악센트가 없을 때는 어미의 자음을 중복하지 않고 -ed를 붙인다. visit→visited   limit→limited ||| 
| -c | k를 붙이고 -ed | picnicked |
| 이외의 동사 | -ed | played, stayed, walked |

## ❷ 과거시제의 용법

과거시제는 과거의 행동·상태, 과거의 습관·반복적 행위를 나타낸다.

### 1. 과거에 한 번 일어난 행동을 나타낸다.

과거에 단 한 번 일어난 행동을 나타낸다. 주로 행동을 나타내는 동사가 쓰인다.

I graduated from Harvard University in 2012.
나는 2012년에 하버드대학을 졸업했다.

I met her by chance three years ago. 3년 전에 그녀를 우연히 만났다.

### 2. 과거의 상태를 나타낸다.

'(과거에) ~였다'는 과거의 상태를 나타낸다. 주로 know, hear, remain 등 상태를 나타내는 동사가 쓰인다.

My brother was fat in his teens. 우리 형은 10대일 때는 뚱뚱했다.

They remained standing during her speech.
그들은 그녀가 연설하는 동안 서 있었다.

### 3. 과거의 습관이나 반복적 행위를 나타낸다.

'(보통, 항상, 자주) ~했다'라고 과거에 반복했던 행위를 나타낸다. every ~, always, often, usually 등의 부사와 함께 쓰일 때가 많다.

She often baked cake for us. 그녀가 종종 우리에게 케이크를 구워주었다.

Tom's family went to church every Sunday.
톰의 가족은 매주 일요일 교회에 갔다.

### ※ 과거의 습관적인 행동이나 상태를 나타내는 기타 표현

조동사 would나 used to를 이용해서 과거의 습관을 표현할 수도 있다.
would는 과거의 불규칙적인 습관이나 행동을 나타내고 often, sometimes, always와 같은 부사와 함께 자주 쓰인다.
used to는 현재는 그렇지 않지만 과거에는 '~이었다, ~하곤 했다'라는 과거의 규칙적인 습관이나 상태를 나타낸다.

I would often go fishing when I was a child.
어렸을 때, 나는 자주 낚시하러 갔었다.

Jane used to be very shy. 예전에 제인은 몹시 소심했다.

## 3 미래시제

미래에 '~할(일) 것이다'는 will+동사원형 또는 be going to+동사원형으로 표현할 수 있다. will+동사원형에는 자연히 '~될 것이다'라는 단순 미래와 자기의 의지로 '~하겠다'라는 의지 미래가 있다. be going to+동사원형에는 주어의 의지·계획을 나타내는 용법과 확실히 일어날 일을 나타내는 용법이 있다.

### ❶ will의 용법

1. 단순미래

주어나 화자의 의지에 관계없이 자연적으로 그렇게 될 것이라는 의미를 나타내는 것을 단순 미래라고 한다.

> **My wife will be thirty next month.** 내 아내는 다음 달에 30살이 된다.
> **It will be sunny tomorrow.** 내일은 날씨가 좋을 것이다.
> **Will you be free tomorrow evening?** 내일 저녁에 한가하세요?

2. 의지미래

'~하겠다'라는 주어의 의지를 표현하는 것을 의지 미래라고 한다.

> **I will see you off at the station.** 내가 역까지 바래다줄게.
> **I will be moving to London this summer.** 올 여름에 런던으로 이사할 작정이다.

### ❷ be going to의 용법

1. 주어의 의도·계획을 나타낸다.

이전부터 의도했거나 계획했던 일을 말할 때 be going to를 쓴다.

> **I'm going to learn how to drive a car.** 운전을 배울 작정이다.
> **Are you going to sell your car?** 차를 팔 작정이에요?

2. 가까운 미래에 분명히 일어날 것 같은 일을 나타낸다.

'~하겠다, ~할 것 같다'는 추측의 의미로 가까운 미래에 분명히 그 일이 일어난다는 화자의 확신을 나타낸다.

> **It's already 12 o'clock. We're going to miss the last train.**
> 벌써 12시다. 막차를 놓치겠다.
>
> **My dog is very ill. I'm afraid he is going to die.**
> 우리 개가 너무 아프다. 죽을 것 같다.

### ※ will과 be going to의 구별

will은 그자리에서 '~하겠다'라는 의지를 나타내고, be going to는 전부터 생각했던 의도나 계획을 '~할 작정이다'라고 말할 때 쓴다. 또한 무슨 일이 일어날 것 같다고 할 때 be going to는 will과 달리 눈에 보이는 징조가 있을 때 쓴다.

- **The telephone is ringing.** 전화 왔어.
- **OK, I'll answer it.** 그래, 내가 받을게.

- **What are your plans for tonight?** 오늘밤에 무슨 계획 있어?
- **I'm going to meet a friend for dinner.** 친구를 만나 저녁을 먹을 거야.

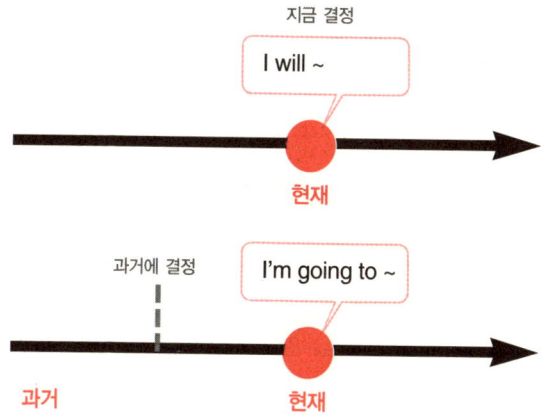

### ※ 때나 조건을 나타내는 부사절과 시제

때나 조건을 나타내는 부사절(when, if, till, unless 등으로 시작한다)에서는 현재형이 미래를 대신한다.

**I'll call you back when I come home.** 집에 돌아가면 다시 전화할 게.
**We'll go on a picnic if it is fine tomorrow.** 내일 날씨가 좋으면 피크닉 갈 것이다.

하지만, when이 '언제 ~하는지?', if가 '~인지 어떤지'라는 의미로 쓰일 때는 will을 쓴다.

**I don't know when she will come here.** 그녀가 언제 여기에 올지 모르겠다.
**I wonder if it will fine tomorrow.** 내일 날씨가 좋을지 어떨지 궁금하다.

## 4 진행시제

진행시제는 어떤 행동이 진행 중임을 표현한다. 진행시제에는 현재 어떤 행동이 계속 중임을 나타내는 현재진행형, 과거에 어떤 행동이 계속 중이었던 것을 나타내는 과거진행형, 미래에 어떤 행동이 계속 중일 것이라고 추측하는 미래 진행형이 있다.
진행시제는 'be동사+동사 -ing형(현재분사)'으로 나타낸다.

### 현재분사 만드는 방법

| 동사의 어미 | -ing 붙이는 방법 | 예 |
|---|---|---|
| 발음되지 않는 e | e를 없애고 -ing | coming, giving, driving, making |
| ※ 예외: e 앞에 모음이 있을 때는 e를 그대로 두고 -ing를 붙인다. dye→dyeing |||
| ie | -ie를 y로 고치고 -ing | dying, lying, tying |
| 단모음+자음 | 마지막 자음글자를 중복하고 -ing | sitting, cutting, dropping, swimming |
| -c | k를 붙이고 -ing | picnicking |
| 이외의 동사 | -ing | doing, reading, crying |

### ● 현재진행형

현재진행형은 'be동사(am, are, is)+ing(현재분사)'로 나타낸다.

1. 현재 계속 중인 행동이나 상태를 나타낸다.

'지금 ~하고 있다' '~하고 있는 중이다'라고 현재 계속 중인 행동이나 상태를 나타낸다.

**I am studying** math now. 나는 지금 수학을 공부하고 있는 중이다.
**Tom is talking** on the phone now. 톰은 지금 전화로 통화하고 있다.
**They are watching** the World Cup matches on TV.
그들은 지금 텔레비전으로 월드컵 경기를 시청하고 있다.

2. 가까운 미래의 예정을 나타낸다.

'이제부터 ~할 것이다'라는 의미로 가까운 미래의 예정을 나타낸다. 주로 '왕래 · 발착'을 나타내는 동사(arrive, leave, come, go, start, begin 등)가 쓰이고, tomorrow 등의 미래를 나타내는 부사와 함께 쓰일 때가 많다.

>**Ms. Smith is coming soon.** 스미스 씨가 곧 올 겁니다.
>**They are leaving after a week from today.**
>그들은 오늘부터 일주일 뒤면 떠납니다.

3. 반복적인 행동 · 습관을 나타낸다.

always, constantly 등의 부사와 함께 쓰여 '항상 ~하고만 있다'라는 현재의 반복적인 행동 · 습관을 나타내며, 좋지 않은 내용일 때는 '골칫거리다'라는 화자의 불만이 담겨 있다.

>**He is always smoking.** 그는 끊임없이 담배를 피워댄다.
>**The boy is always telling lies.** 그 아이는 늘 거짓말만 한다.

## ※ 진행형으로 쓸 수 없는 동사

동사에는 상태를 나타내는 동사(상태 동사)와 행동을 나타내는 동사(동작 동사)가 있고 상태 동사는 원칙적으로 진행형으로 쓸 수 없다.

상태 동사: know, like, love, hope, believe, have, belong, remain, resemble, see, hear, smell, taste 등

동작 동사: come, drink, go, eat, play, run, swim, visit, walk 등

**She has three daughters.** 그녀에게는 딸이 셋 있다.
**I like playing tennis on Saturday.** 토요일에 테니스 치는 것을 좋아해요.
**Jane resembles her father.** 제인은 아버지를 닮았다.

상태 동사도 다음과 같을 때는 진행형으로 쓸 수 있다.

1. 행동을 나타내는 동사로 쓰일 때

>**They are having dinner now.** 그들은 지금 저녁을 먹고 있다.
>※ 여기서 have는 '~을 먹다'라는 행동을 나타낸다.

2. 일시적인 상태를 강조할 때

   **My brother is wearing a tie today.** 남동생은 오늘은 넥타이를 맸다.

   ※ '평소 넥타이를 안 매지만 오늘은 했다.' 라는 일시적인 상태를 나타낸다.

3. 변화하는 상태를 나타낼 때

   **Nancy is resembling her mother.** 낸시는 점점 어머니를 닮아간다.

   ※ 진행형으로 '점점 닮아간다'는 변화를 나타낸다.

---

### ※ 현재형과 현재진행형의 차이

영어의 현재시제는 현재와 그 전후를 포함하는 시제이다. 그에 비해 현재진행형은 현재 바로 진행 중에 있는 일시적인 행동이나 상태를 나타낸다.

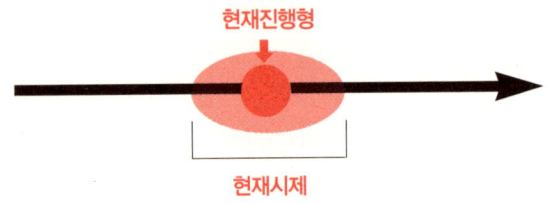

### ❷ 과거진행형

과거진행형은 '~하고 있었다'고 과거에 계속 중이던 행동·상태를 표현하고 'be 동사(was(were)) + +ing(현재분사)'로 나타낸다.

**They were living in New York then.** 그때 그들은 뉴욕에 살고 있었다.

**He drank coffee while he was waiting for her.**
그녀를 기다리고 있는 동안 그는 커피를 마셨다.

1. 과거에 계속 중이던 행동·상태를 나타낸다.

   과거 어느 때에 계속 중이던 행동이나 상태를 나타낸다.

   **The man was reading the newspaper when I came into the room.**
   내가 방에 들어갔을 때 그 남자는 신문을 읽고 있었다.

   **Maybe I was taking a bath then.** 그때 아마 난 목욕 중이었을 거다.

2. 과거의 반복적 행동을 나타낸다.

과거의 반복적 행동을 나타낸다. 주로 always, constantly(항상) 등의 부사와 함께 쓰일 때가 많다.

> **He was always bothering me when I was a kid.**
> 내가 어린아이였을 때 그가 밤낮 괴롭혔다.
>
> **They were always complaining of the cold.** 그들은 춥다고 불평만 했다.

3. 과거 어느 때의 가까운 미래

'~하려고 했다'라는 과거 어느 때의 가까운 미래를 나타낸다.

> **Nancy said that Nick was coming to Seoul soon.**
> 닉이 곧 서울에 온다고 낸시가 말했다.

이 예문에서는 '낸시가 말한 시점(과거 1)'에서 본 '닉이 서울에 온다'라는 가까운 미래(과거 2)의 관계에 주의하자.

### ❸ 미래진행형

미래진행형은 '~하고 있을 거다'라고 미래의 어느 때에 진행하고 있거나 계속하고 있을 행동이나 가까운 미래의 예정을 표현한다. 미래진행형은 'will+be동사+ing(현재분사)'로 나타낸다.

미래진행형은 미래를 나타내는 말이 문장 속에 나타나 있을 때가 많다. 또한 미래진행형은 '지금은 ~하고 있을 것이다'라고 현재진행중인 행동을 추측할 때도 쓰인다.

**At this time tomorrow we will be having a party.**
내일 이맘때면 우리는 파티를 하고 있을 것이다.

**I will be moving to London this summer.** 올 여름에는 런던으로 이사할 예정이다.

**They will be enjoying a hot spa at this hour.**
그들은 이 시간이면 온천을 즐기고 있을 것이다.

## 5 완료시제

완료형은 두 가지 때를 한꺼번에 표현하려는 시제로, 현재완료 · 과거완료 · 미래완료가 있다. 그 용법에 따라 완료 · 결과, 경험, 계속의 뜻을 표현하며 일반적인 형태는 'have+과거분사(p.p.)'로 나타낸다.

### ❶ 현재완료

현재완료는 현재와 과거를 관련지어 표현하는 시제로 'have(has)+과거분사(p.p.)'로 나타내고, 완료 · 결과, 경험, 계속의 용법이 있다.

(a) She went to New York. 그녀는 뉴욕에 갔다.
(b) She has gone to New York. 그녀는 뉴욕에 갔다.

예를 들면 위 두 예문에서 (a)는 단순히 '갔다'라는 과거의 사실만을 표현하는 것에 비해, (b)는 '가서 지금은 여기 없다'라는 현재의 상황까지 표현하고 있는 것이다.

1. 완료 · 결과

'막(방금) ~했다'고 과거에 시작한 일이 현재 완료된 것을 나타낸다.

　I have just finished my breakfast. 나는 이제 막 아침 식사를 끝냈다.

이 예문은 '과거 어느 때 먹기 시작한 아침식사를 방금 끝냈다.'라는 완료의 의미를 나타낸다.

완료 · 결과 용법은 have just ~, have already ~, Have you ~ yet?, haven't ~ yet 등의 형태로 나타낼 때가 많다.

2. 경험

'(지금까지) ~한 적이 있다'라는 현재까지의 경험을 나타낸다.

　Lisa has visited Canada many times. 리자는 캐나다에 여러 번 가본 적이 있다.

이 예문은 '여러 번 가본 적이 있다'는 경험을 표현하는 것이다.
경험 용법은 have never ~, Have you ever ~?, have before(once, twice, three times, many times), have been to ~ 등의 형태로 쓰일 때가 많다.

### ※ 횟수를 나타내는 말

- **once** 1번
- **three times an hour** 한 시간에 세 번
- **~ times a week** 일주일에 ~번
- **a couple of times a month** 한 달에 두세 번
- **four or five times a year** 일 년에 4~5번
- **several times a year** 1년에 몇 번
- **many times a year** 1년에 여러 번
- **twice a minute** 1분에 두 번
- **four times a day** 하루에 네 번

## 3. 계속

'(지금까지) 계속 ~해왔다'라는 과거 어느 때부터 현재까지 어떤 행동·상태가 계속되고 있음을 표현한다.

**They have lived in this town for five years.**
그들은 5년 동안 이 도시에 살고 있다.

이 예문은 '5년 동안 살고 있다'는 계속의 의미를 표현하는 것이다.
계속 용법은 have ~ for(since) ..., How long ~? 등의 형태로 쓰일 때가 많다.

### ※ '~마다'를 나타내는 말

- **every (one) hour** 1시간마다
- **every two days(second day)** 이틀마다
- **every three days(third day)** 사흘마다
- **every three weeks** 3주마다
- **every two or three months** 2, 3개월마다
- **every several years** 수년마다
- **every day** 매일
- **every month** 매월
- **all day** 온종일
- **all week** 1주일 내내
- **every week** 매주
- **every year** 매년
- **all night** 밤새
- **all year** 1년 내내

※ **have been to ~와 have gone to ~**

have been to ~는 '~에 가본 적이 있다'는 경험을 표현한다.
have gone to ~는 '~에 갔다. (지금은 여기 없다)'는 결과를 나타내므로 1·2인칭에는 쓸 수 없다.

※ **'…한 지 ~ 된다'라는 표현**

**We have been married for ten years.** 우리는 결혼한 지 10년 됐다.
= Ten years **have passed** since we got married.
= It **is**(**has been**) ten years since we got married.

**현재완료를 쓸 수 없는 경우**

현재완료는 현재와 관련된 시제이므로 명백하게 과거를 나타내는 말과는 함께 쓸 수 없다.

**When** has she got to Seoul?(x)
**When did she get to Seoul?** 그녀는 언제 서울에 도착했어요?

I haven't seen the actor **recently**.(x)
I didn't see the actor recently. 최근에 그 배우를 보지 못했다.

❷ 과거완료

과거의 한 때를 기준으로 그 이전에 있었던 일이 그 과거 시점까지 영향을 미칠 때 쓰는 시제이다. 'had+과거분사(p.p.)'로 나타내고 완료·결과, 경험, 계속의 용법이 있다. 또한 과거의 두 가지 사건을 말할 때 먼저 일어난 사건을 과거완료로 표현하는데 이것을 '대과거'라고 한다.

**The bus had already left when we arrived at the airport.**
우리가 공항에 도착했을 땐 버스는 떠나고 없었다.

이 예문은 '우리가 공항에 도착했을 때'는 '버스는 이미 떠나고 없었다.'는 것을 표현한다.

1. 완료 · 결과

    **The thief had escaped when the police arrived.**
    경찰이 도착했을 때 이미 도둑은 도망치고 없었다.

이 예문은 '경찰이 도착했을 때'라는 과거 어느 때에 '도둑은 이미 도망가고 없었다.'는 완료를 표현하고 있다.

2. 경험

    **I had often heard of her before I met her.**
    그녀를 만나기 전부터 그녀 소식을 종종 듣고 있었다.

이 예문은 '그녀와 만난' 과거 어느 때까지 '그녀 소식을 듣고 있었다.'는 경험을 표현한다.

3. 계속

    **He had been ill in bed for a week when I called on him.**
    그를 방문했을 때 그는 1주일 동안 아파서 누워 있었다.

이 예문은 '내가 방문한' 과거의 어느 때까지 '그는 1주일 동안 아파서 누워 있었다.'는 계속을 표현한다.

4. 대과거

    **He gave her a pendant which he had bought in Paris.**
    그는 그녀에게 파리에서 산 목걸이를 주었다.

이 예문의 had bought는 '그가 그녀에게 준(gave)' 것보다 이전의 행동을 표현한다. 이것을 '대과거'라 한다.

> **주의**
>
> 등위접속사 and나 but을 써서 일이 일어난 순서로 말할 때는 과거의 어떤 사건보다 먼저 일어난 일에 과거완료를 쓰지 않는다. 그러나 접속사에 의해 '때'의 전후관계가 명백하더라도 먼저 일어난 사건이라는 것을 분명히 할 때는 과거완료를 쓴다.
>
> **I reached the station after the train had left.**
> 내가 역에 도착했을 때는 열차는 이미 떠난 뒤였다.
>
> **When he had shut the window, we opened the door of the cage.**
> 그가 창문을 닫자 우리는 새장 문을 열었다.

### ❸ 미래완료

미래완료는 현재의 시점에서 미래를 추측하며 그때까지의 완료 · 결과, 경험, 계속을 표현한다. 형태는 'will+have+과거분사(p.p.)'이고 미래를 나타내는 말과 함께 쓰인다. 미래완료는 사용빈도가 높지 않다.

1. 완료 · 결과

    **By next Monday I will have arrived in New York.**
    다음 주 월요일까지는 뉴욕에 도착할 겁니다.

이 예문은 '다음 주 월요일'이라는 미래의 시점까지는 '뉴욕에 도착해 있을 것이다.'라는 완료를 표현하고 있다.

2. 경험

   **I will have been** to Paris five times if I go there again.
   다시 한 번 파리에 간다면 다섯 번 가는 게 된다.

이 예문은 '만약 한 번 더 가게 되면'이라는 미래 어느 때까지 '파리에 다섯 번 가는 게 된다.'는 경험을 표현하고 있다.

3. 계속

   **My parents will have been married for twenty years tomorrow.**
   내년이면 우리 부모님은 결혼하신지 20년이 된다.

이 예문은 '내일'이라는 미래의 어느 시점까지 '우리 부모님은 결혼하신지 20년이 된다.'는 계속을 표현하고 있다.

**때나 조건을 나타내는 부사절과 현재완료**

때나 조건을 나타내는 부사절 속에서는 미래완료의 의미라도 현재완료를 쓴다.

**When we've had lunch, we'll go for a walk.**
점심식사를 마치면 우리는 산책하러 갈 것이다.

**If he has finished his work by six o'clock, we will be able to take him with us.**
그가 6시까지 일을 끝내면 그를 데리고 갈 수 있을 것이다.

# PART 2

# 영어패턴 연습
## 의문문과 대답 패턴

# 01
# Yes-No 의문문 패턴

Yes-No 의문문은 문장 앞에 be동사나 조동사가 나오는 의문문이다. 대답은 보통 Yes나 No로 하는데, No라고 대답할 때는 보충 설명을 해주면 좋다.
질문이 긍정문이든 부정문이든 대답이 긍정이면, Yes, ~. 부정이면, No, ~.라고 해야 한다. 예를 들자면 Are you tired?(피곤해요?)고 묻든, Aren't you tired?(안 피곤해요?)라고 묻든, 자신이 피곤하면 Yes, I am. 피곤하지 않을 때는 No, I'm not.으로 대답하는 게 기본 원칙이다.
단, 질문에 mind가 있을 때는 대답할 때 주의가 필요하다. 〈p.149, 175 참조〉

### Pattern 1 ||
## be동사 의문문 패턴

> ~입니까?　　　　　　be동사 ──┐ 주어 ~?
> ~아닙니까?　　　　　be동사 부정형 ┘
>
> 네, 그렇습니다.　　　　**Yes, 주어+be동사.**
> 아뇨, 그렇지 않습니다.　**No, 주어+be동사+not.**

- 질문 ||　**Is this** your dictionary? 이것은 당신 사전입니까?
  　　　　**Isn't this** your dictionary? 이것은 당신 사전이 아닙니까?

- ▷ 대답 ||　**Yes, it is.** 네, 제 사전입니다.
  　　　　**No, it isn't.** 아뇨, 제 사전이 아닙니다.

Pattern 2 ||
## 일반동사 의문문 패턴

~합니까?　　　　　**Do(Does)** ─┐
~하지 않습니까?　　**Don't(Doesn't)** ─┴─ 주어+동사원형 ~?

네, 그렇습니다.　　　**Yes, 주어+do(does).**
아뇨, 그렇지 않습니다.　**No, 주어+don't(doesn't).**

- 질문 ||　**Do you know** his e-mail address? 그의 이메일 주소 아세요?
　　　　　**Don't you know** his e-mail address? 그의 이메일 주소 모르세요?

▷ 대답 ||　**Yes, I do.** 네, 알아요.
　　　　　**No, I don't.** 아뇨, 몰라요.


Pattern 3 ||
## 완료형 의문문 패턴

~했습니까?　　　　　**Have(Has)** ─┐
~하지 않았습니까?　　**Haven't(Hasn't)** ─┴─ 주어+과거분사 ~?

네, 그렇습니다.　　　**Yes, 주어+have(has).**
아뇨, 그렇지 않습니다.　**No, 주어+haven't(hasn't).**

- 질문 ||　**Have you finished?** 끝났어요?
　　　　　**Haven't you finished?** 안 끝났어요?

▷ 대답 ||　**Yes, I have.** 네, 끝났어요.
　　　　　**No, I haven't.** 아뇨, 안 끝났어요.

**Pattern 4** ||

# 조동사 의문문 패턴

> ~할 수 있습니까?  **Can** ─┐ 주어+동사원형 ~?
> ~할 수 없습니까?  **Can't** ─┘
>
> 네, 할 수 있어요.   **Yes, 주어+can.**
> 아뇨, 할 수 없어요.  **No, 주어+can't.**

다음은 회화에서 자주 쓰이는 조동사 의문문과 대답 예이다.

- 질문 ||   **Can I park** the car here? 여기 주차해도 됩니까? 〈허락〉

▷ 대답 ||
- **Yes, of course.** 네, 물론입니다.
- **I'm afraid you can't.** 안 되는데요.
- **I'm sorry, you can't.** 미안하지만 안 되는데요.


- 질문 ||   **May I come** in? 들어가도 되겠습니까? 〈허락〉

▷ 대답 ||
- **Yes, you may.** 네, 좋습니다.
- **Yes, of course.** 네, 물론입니다.
- **Sure.** 그러세요.
- **No, you may not.** 아뇨, 안 됩니다.
- **I'm afraid you can't.** 안 되는데요.


- 질문 ||   **Will you open** the window? 창문 좀 열어 줄래요? 〈부탁〉
          **Would you close** the door? 문 좀 닫아 주시겠어요? 〈공손한 부탁〉

▷ 대답 ||
- **Sure. / All right. / OK.** 좋아요.
- **Certainly.** 물론이죠.
- **No, I'm sorry I can't.** 미안하지만, 안 되겠는데요.

- ■ 질문 ‖   **Will you have** a cup of coffee? 커피 한 잔 드실래요? **〈권유〉**
  **Would you like** some more tea? 차를 좀 더 드시겠어요? **〈공손한 권유〉**

- ▷ 대답 ‖
  - **Yes, please.** 네, 주세요.
  - **I'd love to.** 좋고말고요.
  - **No, thank you.** 아뇨, 됐습니다.

- ■ 질문 ‖   **Shall I close** the door? 문을 닫을까요? **〈제안〉**

- ▷ 대답 ‖
  - **Thank you.** 고마워요.
  - **Yes, please.** 네, 그래 주세요.
  - **No, thank you.** 아뇨, 괜찮습니다.

- ■ 질문 ‖   **Shall we have** lunch today? 오늘 같이 점심 먹을까요? **〈제안〉**

- ▷ 대답 ‖
  - **Sounds good.** 좋아요.
  - **Sorry, I have a plan.** 미안하지만, 약속이 있어서요.

# 패턴 연습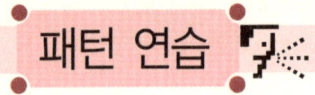

**Pattern 1** ||  001

> ~입니까?  be동사 ─┐
> ~아닙니까?  be동사 부정형 ─┴ 주어 ~?
>
> 네, 그렇습니다.      **Yes,** 주어+be동사.
> 아뇨, 그렇지 않습니다.  **No,** 주어+be동사+not.

| 바쁘세요? | **Are you** busy?<br>아- 유- 비지 |

| 네, 바빠요. / 아뇨, 안 바빠요. | Yes, I am. / No, I'm not.<br>예스 아이 엠     노우 아임 낫 |

| 안 피곤하세요? | **Aren't you** tired?<br>아안 츄 타이어드 |

| 네, 좀 피곤해요. / 아뇨, 전혀 안 피곤해요. | Yes, a little. / No, not at all.<br>예스 어 리를     노우 낫 엣 올- |

| 이 열차 LA행입니까? | **Is this** the train to Los Angeles?<br>이즈 디스 더 트뤠인 트 로스 앤젤레스 |

| 네, 그렇습니다. / 아뇨, 아닙니다. | Yes, it is. / No, it isn't.<br>예스 잇 이즈     노우 잇 이즌트 |

| 어제 집에 있었어요? | **Were you** at home yesterday?<br>워- 유- 앳 호움 예스터-데이 |

| 네, 있었어요. / 아뇨, 없었어요. | Yes, I was. / No, I wasn't.<br>예스 아이 워즈    노우 아이 워즌트 |

패턴을 이용해서 다양한 문장을 만들어 보자!

Pattern 2 ||

🔊 002

~합니까?　　　　　**Do(Does)** ──┐
~하지 않습니까?　　**Don't(Doesn't)** ──┴─ 주어+동사원형 ~?

　네, 그렇습니다.　　　**Yes, 주어+do(does)**.
　아뇨, 그렇지 않습니다.　**No, 주어+don't(doesn't)**.

---

| 한국음식 좋아하세요? | **Do you** like Korean food?<br>드 유 라익 커뤼-언 푸드 |

| 네, 좋아합니다. / 아뇨, 안 좋아합니다. | Yes, I do. / No, I don't.<br>예스 아이 두　　　노우 아이 도운트 |

| 이 열차 뉴욕으로 갑니까? | **Does this train** go to New York?<br>더즈 디스 트뤠인 고우 트 뉴-욕 |

| 네, 갑니다. / 아뇨, 가지 않습니다. | Yes, it does. / No, it doesn't.<br>예스 잇 더즈　　　노우 잇 더즌트 |

| 어제 쇼핑하러 갔었어요? | **Did you** go shopping yesterday?<br>디쥬 고우 샤핑 예스터-데이 |

| 네, 갔어요. / 아뇨, 가지 않았어요. | Yes, I did. / No, I didn't.<br>예스 아이 디드　　노우 아이 디든트 |

| 일기예보 못 들었어요? | **Didn't you** hear the weather forecast?<br>디든츄 히어- 더 웨더- 포-캐스트 |

| 아뇨, 들었어요. / 네, 못 들었어요. | Yes, I did. / No, I didn't.<br>예스 아이 디드　　노우 아이 디든트 |

1. Yes-No 의문문 패턴

## 패턴을 이용해서 다양한 문장을 만들어 보자!

Pattern 3 ||

| ~했습니까? | **Have(Has)** ─┐ 주어+과거분사 ~? |
| ~하지 않았습니까? | **Haven't(Hasn't)** ─┘ |
| 네, 그렇습니다. | **Yes,** 주어+**have(has)**. |
| 아뇨, 그렇지 않습니다. | **No,** 주어+**haven't(hasn't)**. |

---

밤새 혼자 여기 있었어요?   **Have you been** here all night alone?
해뷰 빈 히어- 오올 나잇 얼로운

네, 그렇습니다. / 아뇨, 그   Yes, I have. / No, I haven't.
렇지 않습니다.   예스 아이 해브   노우 아이 해븐트

런던에 가 본 적 있어요?   **Have you** ever **visited** London?
해뷰 에버- 비지티드 런든

네, 있어요. / 아뇨, 한 번도   Yes, I have. / No, I never have.
없어요.   예스 아이 해브   노우 아이 네버- 해브

숙제 아직 안 끝났어요?   **Haven't you finished** your homework yet?
해븐 츄 피니쉬트 유어- 호움웍- 옛

아뇨, 끝났어요. / 네, 아직   Yes, I have. / No, not yet.
요.   예스 아이 해브   노우 낫 옛

그녀는 호텔에 도착했나요?   **Has she arrived** at the hotel yet?
해즈 쉬 어라이브드 앳 더 호우텔 옛

네, 도착했어요. / 아뇨, 도   Yes, she has. / No, she hasn't. / No, not yet.
착하지 않았어요. / 아뇨,   예스 쉬 해즈   노우 쉬 해즌트   노우 낫 옛
아직입니다.

## Pattern 4

> ~할 수 있습니까? **Can** ─┐
> ~할 수 없습니까? **Can't** ─┴ 주어+동사원형 ~?
>
> 네, 할 수 있어요. **Yes, 주어+can.**
> 아뇨, 할 수 없어요. **No, 주어+can't.**

| 낸시는 피아노를 칠 수 있어요? | **Can Nancy** play the piano?<br>캔 낸시 플레이 더 피애노우 |
| --- | --- |
| 네, 칠 수 있어요. / 아뇨, 못 칩니다. | Yes, she can. / No, she can't.<br>예스 쉬 캔     노우 쉬 캔트 |
| 설거지 좀 도와줄 수 없어요? | **Can't you** help me with the dishes?<br>캔-츄 헬프 미 윗 더 디쉬즈 |
| 네, 할 수 있어요. / 아뇨, 할 수 없어요. | Yes, I can. / No, I can't.<br>예스 아이 캔     노우 아이 캔트 |
| 내일 공원에 갈 거예요? | **Will you** go to the park tomorrow?<br>윌류 고우 트 더 파악 트머뤄우 |
| 네, 갈 겁니다. / 아뇨, 안 갈 겁니다. | Yes, I will. / No, I won't.<br>예스 아이 윌     노우 아이 워운트 |
| 지금 집에 가야 합니까? | **Must we** go home now?<br>머스트 위 고우 호움 나우 |
| 네, 가야 합니다. / 아뇨, 갈 필요 없어요. | Yes, you must. / No, you don't have to.<br>예스 유 머스트     노우 유 도운 해브 트 |

1. Yes-No 의문문 패턴

# 회화 연습

🔊 005~011

- 🙂 이번 주말에 시간 있어?
- 👩 Yes, I am. / No, I'm tied up.
  >>> M: Are you free this weekend? | W: 있어./없어, 바빠.

- 🙂 스미스 씨는 사무실에 계세요?
- 👩 Yes, he is. / No, he is not in.
  >>> M: Is Mr. Smith in the office? | W: 네, 계세요./아뇨, 안 계세요.

- 🙂 Is there anything the matter?
- 👩 그래, 많이 아파. / 아니. 아무 일 없어.
  >>> M: 무슨 일이라도 있는 거니? | W: Yes, I'm very sick. / Oh, no. There's nothing.

- 🙂 어제 런던은 날씨가 맑았어?
- 👩 Yes, it was. / No, it was cloudy.
  >>> M: Was it fine in London yesterday? | W: 그래, 맑았어./아니, 흐렸어.

- 🙂 운동하는 거 좋아하세요?
- 👩 Yes, I do. Very much. / No, I don't like sports.
  >>> M: Do you like to play sports? | W: 네, 아주 좋아해요./아뇨, 운동은 좋아하지 않아요.

- 🙂 이 버스가 시청으로 가나요?
- 👩 Yes, sir. / No, it doesn't go there.
  >>> M: Does this bus go to City Hall? | W: 네./아뇨, 거기로 가지 않아요.

- 🙂 Did you see the movie on TV last night?
- 👩 그래, 봤어. / 아니, 못 봤어.
  >>> M: 어젯밤 텔레비전에서 하는 영화 봤어? | W: Yes, I did. / No, I didn't.

패턴이 실제 회화에서 어떻게 쓰이는지 확인해 보자!

🔊 012~018

- 그린 씨를 만나본 적 있어요?
- Yes, I have. / No, I haven't.

  >>> M: Have you ever met Mr. Green before? | W: 네, 있어요./아뇨, 없어요.

- Have you ever eaten instant cup noodles?
- 네, 자주 먹어 봤어요./아뇨, 먹어 보지 못했어요.

  >>> M: 컵라면을 먹어 본 적 있어요? | W: Yes, I often have . / No, I haven't.

- 호주에 가 본 적이 있어요?
- Yes, I have been. But only once. / No, I haven't.

  >>> M: Have you ever been to Australia? | W: 가 봤어요. 딱 한 번이요./아뇨, 못 가봤어요.

- 그것을 써도 돼?
- Yes, certainly. Here it is. / I'm sorry you can't.

  >>> M: Can I use it? | W: 그럼. 여기 있어./안 되겠는데.

- Will you wait here?
- 그래, 그럴게. / 아니. 나중에 다시 올게.

  >>> M: 여기서 좀 기다릴래? | W: Yes, I think I will. / No, thanks. I'll come again later.

- 이것 좀 빌려 주겠어?
- Oh, yes. Here you are. / I'm sorry, but I'm using it now.

  >>> M: Would you lend me this? | W: 그래. 여기 있어./미안해, 지금 사용 중이야.

- Would you like another drink?
- 네, 주세요. 고마워요. / 아니, 됐어요. 충분히 마셨어요.

  >>> M: 한 잔 더 할래요? | W: Yes, please. Thank you. / No, thanks. I've had enough.

1. Yes-No 의문문 패턴  **63**

# 02 의문사로 시작하는 의문문 패턴

의문사는 의문대명사, 의문부사, 의문형용사로 나눌 수 있다.

① 의문대명사: what, who, which, whose
   문장 속에서 주어 · 보어 · 목적어가 된다.
② 의문부사: when, where, why, how
   문장 속에서 부사 역할을 한다.
③ 의문형용사: what(which, whose)+명사
   뒤에 오는 명사를 수식하는 형용사 역할을 한다.

대답은 Yes나 No로 하지 않고, 자신의 자유의사대로 대답하면 된다.


Pattern **1** ||
## 의문대명사를 쓴 의문문 패턴

의문사가 주어로 쓰일 때는 평서문 그대로 '의문사+동사 ~?'의 어순이 된다.

■ 질문 ||  **What is that building** over there? 저기 저 건물은 무엇입니까?
▷ 대답 ||  **That's City Hall.** 시청입니다.


■ 질문 ||  **Who do you** want to see? 누굴 만나고 싶으세요?
▷ 대답 ||  **I want to see Helen.** 헬렌을 만나고 싶어요.

- 질문 || **Whose is that car?** 저 차는 누구의 것입니까?
- 대답 || **It's David's.** 데이비드 것입니다.


- 질문 || **Which does she speak, English or French?**
  그녀는 영어와 프랑스어 중에 어느 것을 말합니까?
- 대답 || **She speaks English.** 영어를 합니다.


Pattern 2 ||
## 의문형용사를 쓴 의문문 패턴

> 어떤(무슨) …을(이) ~합니까?   **What**+명사 ┐  be동사      ┐ 주어 ~?
> 어느 …을(이) ~합니까?         **Which**+명사 ├ **do(does, did)** ┤
> 누구의 …을(이) ~합니까?        **Whose**+명사 ┘  조동사       ┘

what, which, whose는 '의문사+명사' 형태로도 자주 쓰인다.

- 질문 || **What time is it now?** 지금 몇 시입니까?
- 대답 || **It's eleven thirty.** 11시 반입니다.


- 질문 || **Which bag do you like, the red one or the blue one?**
  빨간색 가방과 파란색 가방 중 어느 것이 마음에 듭니까?
- 대답 || **I like the red one.** 빨간색 가방이 마음에 듭니다.


- 질문 || **Whose book is this?** 이거 누구의 책입니까?
- 대답 || **It's Mike's.** 마이크의 것입니다.

Pattern 3 ||
# 의문부사를 쓴 의문문 패턴

| 언제 ~합니까? | **When** | ┐ | ┌ be동사 ┐ | 주어 ~? |
|---|---|---|---|---|
| 어디서 ~합니까? | **Where** | | ├ **do(does, did)** ┤ | |
| 왜 ~합니까? | **Why** | ├ | └ 조동사 ┘ | |
| 어떻게 ~합니까? | **How** | | | |
| 얼마나 ~합니까? | **How+형용사(부사)** | | | |

- 질문 || **When did you** go to the concert? 언제 그 콘서트에 갔었어요?
- ▷ 대답 || **Last Sunday.** 지난 주 일요일입니다.

- 질문 || **Where does he** live? 그는 어디에 살아요?
- ▷ 대답 || **In New York.** 뉴욕이에요.

- 질문 || **Why did you** go to London? 왜 런던에 갔었어요?
- ▷ 대답 || **To see my parents.** 부모님을 뵈려고요.

- 질문 || **How did you** go there? 거기에 어떻게 갔어요?
- ▷ 대답 || **By bus.** 버스로요.

- 질문 || **How is the weather?** 날씨는 어때요?
- ▷ 대답 || **It's cloudy.** 흐려요.

- 질문 || **How old are you?** 몇 살이에요?
- ▷ 대답 || **I'm twenty (years old).** 20살입니다.

- 질문 || **How much does it** cost? 얼마예요?
- ▷ 대답 || **It costs five dollars.** 5달러입니다.

# 패턴 연습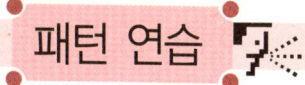

패턴을 이용해서 다양한 문장을 만들어 보자!

Pattern 1 ||

🔊 019

```
무엇이(을) ~합니까?      What ┐  ┌ be동사 ────┐
누가(누굴) ~합니까?      Who  ├──┤ do(does, did) ├── 주어 ~?
누구의 것이(을) ~합니까?  Whose┤  └ 조동사 ─────┘
어느 것이(을) ~합니까?   Which┘
```

| 영국의 나라꽃은 무엇입니까? | **What is** the national flower of England?<br>왓 이즈 더 내쉬널 플라우어- 오브 잉글런드 |
|---|---|
| 장미입니다. | It's the rose.<br>잇츠 더 로우즈 |
| 누가 차를 운전합니까? | **Who drives** the car?<br>후 드라이브즈 더 카- |
| 잭의 아버지가 합니다. | Jack's father does.<br>잭스 파더- 더즈 |
| 이것은 누구의 것입니까? | **Whose is** this?<br>후즈 이즈 디스 |
| 제 것입니다. | It's mine.<br>잇츠 마인 |
| 맥주와 와인 중에 어느 것을 더 좋아하세요? | **Which do** you like better, beer or wine?<br>위취 드 유 라익 베러- 비어- 오- 와인 |
| 맥주를 더 좋아합니다. | I like beer better.<br>아이 라익 비어- 베러- |

2. 의문사로 시작하는 의문문 패턴  **67**

패턴을 이용해서 다양한 문장을 만들어 보자!

Pattern **2** ||  🔊 020

어떤(무슨) …을(이) ~합니까?   **What**+명사 ─┐ ┌─ be동사 ─────┐ ─주어 ~?
어느 …을(이) ~합니까?         **Which**+명사 ─┼─┤ **do(does, did)** ├─
누구의 …을(이) ~합니까?        **Whose**+명사 ─┘ └─ 조동사 ──────┘

| 어떤 영화를 좋아하세요? | **What kind of movies** do you like? |
| | 왓 카인드 오브 무-비즈 드 유 라익 |

| 공포영화를 좋아합니다. | I like horror movies. |
| | 아이 라익 호-뤄- 무-비즈 |

| 어느 쪽이 톰입니까? | **Which boy** is Tom? |
| | 위취 보이 이즈 탐 |

| 키가 큰 쪽입니다. | The tall one is. |
| | 더 톨- 원 이즈 |

| 어느 넥타이가 마음에 드세요? | **Which tie** do you like? |
| | 위취 타이 드 유 라익 |

| 빨간색이요. | The red one. |
| | 더 뤠드 원 |

| 이것은 누구의 가방입니까? | **Whose baggage** is this? |
| | 후즈 배-기쥐 이즈 디스 |

| 제 것입니다. | It's mine. |
| | 잇츠 마인 |

Pattern 3 ||

```
언제 ~합니까?      When ─────┐  ┌─be동사──┐
어디서 ~합니까?    Where ────┤  ├─do(does, did)─┤─주어 ~?
왜 ~합니까?        Why ──────┤  └─조동사──┘
어떻게 ~합니까?    How ──────┤
얼마나 ~합니까?    How+형용사(부사)─┘
```

| 생일이 언제예요? | **When is** your birthday? |
|---|---|
| | 웬 이즈 유어- 버-쓰데이 |

| 9월 10일입니다. | It's September 10. |
|---|---|
| | 잇츠 셉템버- 텐 |

| 왜 늦었어요? | **Why were** you late? |
|---|---|
| | 와이 워- 유 레이트 |

| 두통이 심해서요. | Because I have a severe headache. |
|---|---|
| | 비커-즈 아이 해브 어 시비어- 헤-대익 |

| 어떻게 이렇게 빨리 여기 오셨어요? | **How did** you get here so quickly? |
|---|---|
| | 하우 디쥬 겟 히어- 쏘우- 크위클리 |

| 택시를 탔어요. | I took a taxi. |
|---|---|
| | 아이 툭 어 택시 |

| 여기서 얼마나 묵으실 겁니까? | **How long will** you stay here? |
|---|---|
| | 하우 롱 윌 류 스테이 히어- |

| 2주 동안입니다. | For two weeks. |
|---|---|
| | 포- 투- 윅스 |

# 회화 연습

🔊 022~028

- 당신의 상사는 누구입니까?
- **My boss is Mr. White.**
  >>> M: Who is your boss? | W: 화이트 씨입니다.

- **Who do you want to see?**
- 브라운 씨를 만나고 싶어요.
  >>> M: 누구를 만나고 싶으세요? | W: I want to see Ms. Brown.

- 이거 어느 분 코트인가요?
- **It's mine.**
  >>> M: Whose coat is this? | W: 제 것입니다.

- 어떤 운동 하는 걸 좋아해?
- **I like to play tennis.**
  >>> M: What kind of sports do you like to play? | W: 테니스 치는 걸 좋아해.

- 새 소프트웨어 어떻게 생각해?
- **I think it's very interesting.**
  >>> M: What do you think of the new software? | W: 아주 재미있을 것 같아.

- 이것과 저것 중에 어느 쪽이 더 좋아?
- **I like this.**
  >>> M: Which do you like better, this or that? | W: 이게 좋아.

- 어느 나라에서 오셨어요?
- **I'm from Korea.**
  >>> M: Which country are you from? | W: 한국에서 왔어요.

**패턴이 실제 회화에서 어떻게 쓰이는지 확인해 보자!**

🔊 029~035

- **Where's the Regal Hotel?**
- 모르겠는데요. 호텔 주소를 아세요?
  >>> M: 리갈 호텔이 어디 있어요? | W: I'm afraid I don't know. Do you have the address?

- **Where would you like to go?**
- 지하철역으로 가고 싶은데요.
  >>> M: 어디로 가고 싶으세요? | W: I'd like to go to the subway station.

- 가게는 언제 문을 열지?
- **It opens at 9.**
  >>> M: When does the store open? | W: 9시에 열어.

- **When did you come here?**
- 지난 주 토요일에 왔어.
  >>> M: 언제 여기 왔어? | W: I came here last Saturday.

- 왜 지금 못해요?
- **Because I'm too busy.**
  >>> M: Why can't you do it now? | W: 너무 바빠서요.

- 걸어서 얼마나 걸려?
- **It takes about ten minutes.**
  >>> M: How long does it take on foot? | W: 10분 정도 걸려.

- 어떻게 하면 그것을 살 수 있어요?
- **You can get it from that vending machine.**
  >>> M: How can I get it? | W: 저 자동판매기에서 살 수 있어요.

2. 의문사로 시작하는 의문문 패턴  **71**

# 03
# 간접의문문 패턴

의문사로 시작하는 의문문이 동사(know ask, tell 등)의 목적어로 쓰인 문장이 간접의문문이고, 직접적으로 묻는 것보다 공손하고 부드러운 느낌이 된다. '주어+동사(+목적어)+의문사+주어+동사 ~.'의 형태로 의문사 뒤는 평서문과 같은 어순이 된다. 의문사가 주어일 때는 간접의문문이 되어도 어순은 바뀌지 않는다.

### Pattern 1 ||
## 의문사가 있는 간접의문문 패턴

| ~인지 알고 있다. | **I know** | 의문사+주어+동사 ~.(?) |
|---|---|---|
| ~인지 모른다. | **I don't know** | |
| ~인지 아세요? | **Do you know** | |
| ~인지 알려 주세요. | **Tell me** | |
| ~인지 궁금하다. | **I wonder** | |

- **What is it?** 그것은 무엇입니까?
  → **I don't know what it is.** 나는 그것이 무엇인지 모른다.

- **Where does she live?** 그녀는 어디에 살아요?
  → **I know where she lives.** 나는 그녀가 어디 사는지 알고 있다.

- **When will he come?** 그는 언제 올 겁니까?
  → **Do you know when he will come?** 그가 언제 오는지 아세요?

- **Who is that man?** 저 남자는 누구입니까?
  → **I wonder who that man is.** 저 남자가 누구인지 궁금하다.

Pattern 2 ||
# 의문사가 주어일 때의 간접의문문 패턴

- **What is on the desk?** 책상 위에 무엇이 있습니까?
  → **I don't know** what is on the desk. 나는 책상 위에 무엇이 있는지 모른다.

- **Who wrote it?** 누가 그것을 썼어요?
  → **Tell me** who wrote it. 누가 그것을 썼는지 알려 주세요.

- **Which is mine?** 어느 것이 제 것입니까?
  → **I wonder** which is mine. 어느 것이 내 것인지 궁금하다.


Pattern 3 ||
# 의문사를 쓰지 않은 간접의문문 패턴

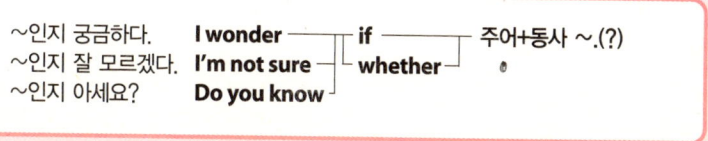

의문사가 없는 문장을 절로 바꿀 때는 의문사 대신에 if나 whether를 쓴다. 둘 다 '~인지 어떤지' 라는 의미이지만, if에 비해 whether가 딱딱한 어법이고 양자택일의 의미가 강하다.

- **Does he like her?** 그는 그녀를 좋아합니까?
  → **I wonder** if he likes her. 그가 그녀를 좋아하는지 궁금하다.

- **Will Kate attend the meeting?** 케이트가 모임에 참석합니까?
    → **I'm not sure whether Kate will attend the meeting.**
    케이트가 모임에 참석하는지 어떤지 잘 모르겠다.


Pattern 4 ||
# 주의해야 할 간접의문문 패턴

~라고 생각하세요?  의문사 ┬ **do you think** ┬ ~?
~라고 믿으세요?              └ **do you believe** ┘

think, believe, guess, suppose, say 등의 동사가 간접의문문을 취할 경우 의문사가 문장 앞으로 나온다. 이 질문에는 Yes/No로 대답하지 않는다.

같은 '~라고 생각한다(~일 것 같다)'라도 believe, suppose, guess는 뉘앙스가 다르다.
- believe: ~라고 생각한다(믿는다) 《확신》
- suppose: ~라고 생각한다 《주관이나 사고에 근거한 추측》
- guess: ~라고 생각한다 《확실한 근거가 없는 추측》

- **Who is he?** 그는 누구입니까?
    → **Who do you think he is?** 그는 누구일 것 같아요?

- **Who will win?** 누가 이길까요?
    → **Who do you guess will win?** 누가 이길 것 같아요?

- **What will he buy?** 그가 무엇을 살까요?
    → **What do you suppose he will buy?** 그가 무엇을 살 것 같아요?

- **How long will it take to get to the airport?** 공항까지 얼마나 걸릴까요?
    → **How long do you think it will take to get to the airport?**
    공항까지 얼마나 걸릴 것 같아요?

# 패턴 연습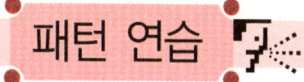

패턴을 이용해서 다양한 문장을 만들어 보자!

Pattern 1 ||

🔊 036

| ~인지 알고 있다. | I know |  |
|---|---|---|
| ~인지 모른다. | I don't know | 의문사+주어+동사 ~.(?) |
| ~인지 아세요? | Do you know |  |
| ~인지 알려 주세요. | Tell me |  |
| ~인지 궁금하다. | I wonder |  |

저 여성은 누구입니까?
**Who is that lady?**
후 이즈 댓 레이디

저 여성이 누군지 아세요?
**Do you know who that lady is?**
드 유 노우 후 댓 레이디 이즈

이것은 무엇입니까?
**What is this?**
왓 이즈 디스

이것이 뭔지 궁금하다.
**I wonder what this is.**
아이 원더- 왓 디스 이즈

그가 뭐라고 했어요?
**What did he say?**
왓 디드 히 쎄이

그가 뭐라고 했는지 모르겠어요.
**I don't know what he said.**
아이 도운트 노우 왓 히 쎋

그녀는 언제 돌아옵니까?
**When will she be back?**
웬 윌 쉬 비 백

그녀가 언제 돌아오는지 물어봐도 될까요?
**May I ask you when she will be back?**
메이 아이 애-스큐 웬 쉬 윌 비 백

3. 간접의문문 패턴  **75**

패턴을 이용해서 다양한 문장을 만들어 보자!

Pattern 2 ||

~인지 알고 있다.    I know ─┐
~인지 모른다.    I don't know ─┤
~인지 아세요?    Do you know ─┼ 의문사+동사 ~.(?)
~인지 알려 주세요.    Tell me ─┤
~인지 궁금하다.    I wonder ─┘

| 누가 창문을 깼어요? | Who broke the window?<br>후 브뤼욱 더 윈도우 |
|---|---|
| 누가 창문을 깼는지 모르겠다. | **I don't know** who broke the wondow.<br>아이 도운트 노우 후 브뤼욱 더 윈도우 |
| 그녀에게 무슨 일 있어요? | What has happened to her?<br>왓 해즈 해픈드 트 허- |
| 그녀에게 무슨 일이 있는지 궁금해요. | **I wonder** what has happened to her.<br>아이 원더- 왓 해즈 해픈드 트 허- |
| 어느 길이 가장 가깝죠? | Which way is the shortest?<br>위취 웨이 이즈 더 쇼-티스트 |
| 어느 길이 가장 가까운지 모르세요? | **Don't you know** which way is the shortest?<br>도운 츄 노우 위취 웨이 이즈 더 쇼-티스트 |
| 오늘 저녁에 누가 오죠? | Who is coming this evening?<br>후 이즈 커밍 디스 이-브닝 |
| 오늘 저녁에 누가 오는지 알려 주겠어요? | **Could you tell me** who is coming this evening?<br>크쥬 텔 미 후 이즈 커밍 디스 이-브닝 |

Pattern 3 ||

038

| ~인지 궁금하다. | **I wonder** | **if** | 주어+동사 ~.(?) |
| ~인지 잘 모르겠다. | **I'm not sure** | **whether** | |
| ~인지 아세요? | **Do you know** | | |

| 그는 사무실에 있어요? | **Is he in the office?** |
| | 이즈 히 인 디 어퓌스 |

| 그가 사무실에 있는지 궁금하다. | **I wonder** if he is in the office. |
| | 아이 원더- 이프 히 이즈 인 디 어퓌스 |

| 내일 날씨가 좋을까요? | **Will it be fine tomorrow?** |
| | 윌 잇 비 퐈인 트머-뤄우 |

| 내일 날씨가 좋을지 잘 모르겠어요. | **I'm not sure** if it'll be fine tomorrow. |
| | 아임 낫 슈어- 이프 잇일 비 퐈인 트머-뤄우 |

| 그들이 올까요? | **Will they come?** |
| | 윌 데이 컴 |

| 그들이 올지 어떨지 아세요? | **Do you know** if they will come? |
| | 드 유 노우 이프 데이 윌 컴 |

| 그가 이것을 다룰 수 있겠어요? | **Will he be able to handle this?** |
| | 윌 히 비 에이블 트 핸들 디스 |

| 그가 이것을 다룰 수 있을지 어떨지 아세요? | **Do you know** whether he will be able to handle this? |
| | 드 유 노우 웨더- 히 윌 비 에이블 트 핸들 디스 |

3. 간접의문문 패턴 77

패턴을 이용해서 다양한 문장을 만들어 보자!

Pattern 4 ||

~라고 생각하세요?  의문사 ─ do you think ─ ~?
~라고 믿으세요?         └ do you believe ┘

| 누가 우리 팀의 최우수 선수입니까? | Who is the best player on our team?<br>후 이즈 더 베스트 플레이어- 온 아우어- 티임 |
| --- | --- |
| 누가 우리 팀의 최우수 선수일 것 같아요? | Who do you guess is the best player on our team?<br>후 드 유 게스 이즈 더 베스트 플레이어 온 아우어- 티임 |
| 어느 쪽이 더 좋은 계획이죠? | Which is the better plan?<br>위취 이즈 더 베러- 플랜- |
| 어느 쪽이 더 좋은 계획일 것 같아요? | Which do you suppose is the better plan?<br>위취 드 유 써포우즈 이즈 더 베러- 플랜- |
| 저녁을 먹으러 어디로 갈까요? | Where should we go for dinner?<br>웨어- 슛 위 고우 포- 디너- |
| 저녁을 먹으러 어디로 가면 좋을 것 같아요? | Where do you think we should go for dinner?<br>웨어- 드 유 씽크 위 슛 고우 포- 디너- |
| 행사에 몇 사람이 참석하나요? | How many people will attend the event?<br>하우 메니 피플 윌 어텐드 디 이벤트 |
| 행사에 몇 사람이 참석할 것 같아요? | How many people do you guess will attend the event?<br>하우 메니 피플 드 유 게스 윌 어텐드 디 이벤트 |

# 회화 연습

패턴이 실제 회화에서 어떻게 쓰이는지 확인해 보자!

🔊 040~046

- 지금 몇 시쯤 됐어?
- It's 9 sharp.

  >>> M: Do you know what time it is? | W: 정각 9시야.

- 엄마, 생일선물로 제가 뭘 갖고 싶은지 아세요?
- No, I have no idea. What would you like?

  >>> M: Mom, do you know what I want for my birthday? | W: 아니, 모르겠어. 뭐가 갖고 싶어?

- We got disconnected a minute ago.
- 어떻게 된 걸까.

  >>> M: 아까 전화가 끊어졌어. | W: I wonder what happened.

- 제 전화번호를 드렸는지 모르겠군요.
- Yes, it was on the business card you gave me.

  >>> M: I'm not sure if I've given you my phone number. | W: 네, 제가 받은 명함에 있어요.

- 리포트 마감이 언제인 줄 알아?
- It's next Wednesday.

  >>> M: Do you know when the report is due? | W: 다음 주 수요일이야.

- 이번 선거에서 누가 이길 것 같아?
- I'm not interesed at all.

  >>> M: Who do you think will win the coming election? | W: 전혀 관심 없어.

- 회의가 얼마나 계속될 것 같아?
- Perhaps until eight or nine o'clock.

  >>> M: How long do you think the meeting will last? | W: 아마 8시 아니면 9시까지일 거야.

3. 간접의문문 패턴

# 04 부가의문문 패턴

상대방에게 확인하거나 동의를 구할 때 평서문 뒤에 의문문을 추가한 것을 부가의문문이라고 한다. 간단히 확인만 하거나 동의를 구할 때는 문장 끝을 내려서 말하고, 잘 몰라서 물을 때는 문장 끝을 올려서 말한다.

대답은 질문 형태에 관계없이 긍정이면 Yes, 부정이면 No로 하면 된다.

### Pattern 1 ||
## 긍정문·부정문의 부가의문문 패턴

> ~이죠, 그렇지 않아요?    긍정문, 부정의 단축형+주어?
> ~이지 않죠, 그렇죠?      부정문, 긍정형+주어?

- 질문 ||   **You are busy, aren't you?** 바쁘죠, 그렇지 않아요?

▷ 대답 ||   **Yes, I am.** 네, 바빠요.
            **No, I'm not.** 아뇨, 바쁘지 않아요.

- 질문 ||   **You aren't tired, are you?** 안 피곤하지요, 그렇죠?

▷ 대답 ||   **Yes, I am.** 아뇨, 피곤해요.
            **No, I'm not.** 네, 안 피곤해요.

Pattern 2 ||

# 명령문 · Let's ~.문장의 부가의문문 패턴

> ~해줄래요?     **명령문+will you(can you)?**
> ~할까요?      **Let's ~, shall we?**

명령문의 부가의문은 요청이나 제안의 뜻을 나타내며, will(would) you? 또는 can(could) you?를 붙여 만든다. will you? 대신에 won't you?를 쓰면 공손하고 권유의 의미가 강해진다. 부정명령문에는 won't you?를 쓸 수 없고 will you?만 가능하다.
Let's ~.문장의 부가의문은 shall we?를 쓴다.

■ 질문 ||   **Come to the party, will you?** 파티에 올래요?

▷ 대답 ||   • **Sure.** 그럼요.
           • **I'm sorry I can't.** 미안하지만 못 가요.

■ 질문 ||   **Let's take a break, shall we?** 잠깐 쉴까요?

▷ 대답 ||   • **Sounds good. (All right./OK.)** 좋아요.
           • **I'd prefer to keep going.** 계속하는 게 좋겠어요.

# 패턴 연습

**Pattern 1** ||  🔊 047

| ~이죠, 그렇지 않아요? | 긍정문, 부정의 단축형+주어? |
| ~이지 않죠, 그렇죠? | 부정문, 긍정형+주어? |

이것이 당신 코트죠, 그렇지 않아요?
**This is your coat, isn't it?**
디스 이즈 유어 코웃 이즌 잇

네, 그렇습니다. / 아뇨, 아닙니다.
**Yes, it is. / No, it isn't.**
예스 잇 이즈    노우 잇 이즌트

그녀를 모르죠, 그렇죠?
**You don't know her, do you?**
유 도운트 노우 허- 드 유

아뇨, 알아요. / 네, 몰라요.
**Yes, I do. / No, I don't.**
예스 아이 두    노우 아이 도운트

제인은 한국어를 할 수 있죠, 그렇지 않아요?
**Jane can speak Korean, can't she?**
줴인 캔 스피익 커뤼-언 캔트 쉬

네, 할 수 있어요. / 아뇨, 못해요.
**Yes, she can. / No, she can't.**
예스 쉬 캔    노우 쉬 캔트

그것이 마음에 안 들었죠, 그랬죠?
**You didn't like it, did you?**
유 디든트 라익 잇 디쥬

아뇨, 마음에 들었어요. / 네, 마음에 안 들었어요.
**Yes, I did. / No, I didn't.**
예스 아이 디드    노우 아이 디든트

패턴을 이용해서 다양한 문장을 만들어 보자!

Pattern 2 ||

048

| ~해줄래요? | 명령문+will you(can you)? |
| ~할까요? | Let's ~, shall we? |

| 여기 와 줄래요? | Come here, will you? |
| | 컴 히어- 윌 류 |

| 여기서 기다려 주실래요? | Wait here, would you? |
| | 웨잇 히어- 우쥬 |

| 후추 좀 집어 줄래요? | Pass me the pepper, won't you? |
| | 패-스 미 더 페퍼- 워운 츄 |

| 그러죠. / 아뇨, 됐어요. | Sure.(OK.) / No, thank you. |
| | 슈어-(오우케이) 노우 쌩큐 |

| 시작할까요? | Let's begin, shall we? |
| | 레츠 비긴 샬 위 |

| 금요일 오후에 만날까요? | Let's meet on Friday afternoon, shall we? |
| | 레츠 미잇 온 프라이데이 애프터-누운 샬 위 |

| 내일 쇼핑하러 갈까요? | Let's go shopping tomorrow, shall we? |
| | 레츠 고우 샤핑 트머-뤄우 샬 위 |

| 좋아요.(그럽시다.) / 그러지 맙시다. | OK. (Yes, let's.) / No, let's not. |
| | 오우케이(예스 레츠) 노우 레츠 낫 |

4. 부가의문문 패턴  83

# 회화 연습

🔊 049~055

- 날씨가 후텁지근하지?
- **Yes. Let's turn on the air conditioner.**
    >>> M: It's hot and humid, isn't it? | W: 그래, 에어컨을 틀자.

- 이 퍼즐 정말 어렵지 않아?
- **Are you still doing it?**
    >>> M: This puzzle is very difficult, isn't it? | W: 아직도 하고 있어?

- 다음 주는 쉴 거지?
- **Yes. During my absence, I'd like you to take over for me.**
    >>> M: You are going to take next week off, aren't you? | W: 그래. 내가 없는 동안 내 일을 대신 좀 주었으면 해.

- **You're kidding, aren't you?**
- 아니, 진심으로 하는 말이야.
    >>> M: 농담하는 거지? | W: No, I mean it.

- 잘못 알고 있는 건 아니야?
- **No. I heard that directly from the boss.**
    >>> M: You aren't mistaken, are you? | W: 그래. 사장님한테 직접 들었어.

- 그녀는 결혼 안 했지?
- **No, but she has a fiancé.**
    >>> M: She isn't married, is she? | W: 그래, 그런데 약혼자가 있어.

- 시험이 그렇게 어렵지는 않았지?
- **Really? It was tough for me.**
    >>> M: The test wasn't so difficult, was it? | W: 그래? 난 어려웠어.

84 PART 2 영어 패턴 연습: 의문문과 대답 패턴

**패턴이 실제 회화에서 어떻게 쓰이는지 확인해 보자!**

🔊 056~062

- You don't know how to use this application, do you?
- 몰라. 뭐가 잘못된 거니?
  >>> M: 이 응용 프로그램 사용법을 모르지? | W: No. Is there anything wrong?

- 요전에 만났을 때는 다른 핸드폰을 갖고 있었지?
- I did, but it broke.
  >>> M: You had a different cellphone the last time I saw you, didn't you? | W: 그랬지, 그런데 그건 망가졌어.

- 오늘 밤에 영화 볼래?
- Sorry, I'm not in the mood.
  >>> M: Watch a movie tonight, will you? | W: 미안해, 그럴 기분이 아니야.

- Speak quietly, won't you?
- 미안해. 그럴게.
  >>> M: 좀 조용조용히 말해 줄래? | W: Sorry, I will.

- 혹시 이번 일요일에 시간 없어?
- Oh no, I'm planning to take my children to the zoo on that day.
  >>> M: You wouldn't happen to be free this Sunday, would you? | W: 이런, 그날 애들을 동물원에 데려가기로 했어.

- 오늘 밤 한 잔 할까?
- I'll pass this time.
  >>> M: Let's have a few drinks tonight, shall we? | W: 이번에는 사양하겠어.

- It's terribly hot, today. Let's go swimming, shall we?
- 그래, 가자.
  >>> M: 오늘 정말 덥다. 수영하러 갈까? | W: Yes, let's.

4. 부가의문문 패턴

PART 3

# 영어패턴 연습
## 주제별 핵심 패턴

# 01
# 정보·상태 표현 패턴

사람이나 사물에 관한 정보나 상태를 말할 때는 be동사를 이용한다. 어순은 주어+be동사+명사(형용사). be동사는 주어에 따라 다음과 같이 바뀐다.

| 인칭 | be동사(현재형) | | | | be동사(과거형) | |
|---|---|---|---|---|---|---|
| | 단수 | 단축형 | 복수 | 단축형 | 단수 | 복수 |
| 1인칭 | I am | I'm | we are | we're | I was | we were |
| 2인칭 | you are | you're | you are | you're | you were | you were |
| 3인칭 | he is<br>she is<br>it is | he's<br>she's<br>it's | they are | they're | he was<br>she was<br>it was | they were |

be동사를 쓴 문장의 부정문은 be동사 뒤에 not을 넣으면 되고, 의문문은 be동사를 주어 앞으로 보낸다.

과거의 일을 말할 때는 동사를 과거형을 고치면 되므로 am, is는 was로, are는 were로 고친다.

Pattern 1 ||

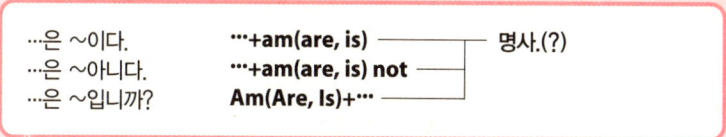

사람이나 사물에 관한 정보를 표현할 때는 '주어+be동사+명사.'의 어순으로 한다.

- **I'm** a doctor. 나는 의사입니다.
- **I'm not** an active person. 나는 적극적인 사람이 아닙니다.
- **Are you** a good father? 당신은 좋은 아버지입니까?
- **Were you** a good student? 당신은 훌륭한 학생이었습니까?
- **This is** an interesting novel. 이것은 재미있는 소설입니다.
- **Is that** your bike? 저것은 당신 자전거입니까?


Pattern 2 ||

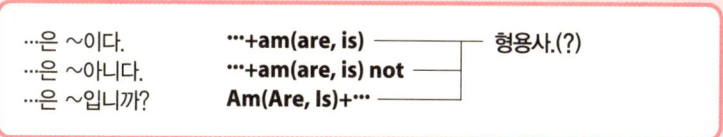

사람이나 사물의 상태를 표현할 때는 '주어+be동사+형용사.'의 어순으로 한다.

- **I'm** lost. 길을 잃었습니다.
- **I'm** allergic to fish. 생선 알레르기가 있습니다.
- **I'm not** rich. 저는 부자가 아닙니다.
- **Is this** free? 이것은 무료입니까?
- **Were you** sick? 아팠어요?

# 패턴 연습

**Pattern 1** ||  ◀ 063

```
…은 ~이다.        …+am(are, is) ────┐
…은 ~아니다.      …+am(are, is) not ─┼── 명사.(?)
…은 ~입니까?      Am(Are, Is)+…  ────┘
```

전 은행원이에요.
**I'm** a bank clerk.
아임 어 뱅-크 클럭

전 테니스 클럽 회원이에요.
**I'm** a member of a tennis club.
아임 어 멤버- 오브 어 테니스 클럽

전 신입사원이 아니에요.
**I'm not** a new recruit.
아임 낫 어 뉴- 뤼크루웃

이것은 제 카메라에요.
**This is** my camera.
디스 이즈 마이 캐-므러

저것은 커피숍이 아니에요.
**That isn't** a coffee shop.
댓 이즌트 어 커-퓌- 샵-

대학생이세요?
**Are you** a college student?
아- 유 어 칼-리쥐 스튜-든트

이것이 최신형입니까?
**Is this** the latest model?
이즈 디스 더 레이티스트 마들

전 초보자였어요.
**I was** a beginner.
아이 워즈 어 비기너-

패턴을 이용해서 다양한 문장을 만들어 보자!

Pattern 2 ||

🔊 064

…은 ~이다.　　　…+am(are, is) ─────┐
…은 ~아니다.　　…+am(are, is) not ──┼─ 형용사.(?)
…은 ~입니까?　　Am(Are, Is)+… ─────┘

목이 말라요.
**I'm thirsty.**
아임 써-스티

전 한가하지 않아요.
**I'm not free.**
아임 낫 프뤼-

이 카레는 매워요.
**This curry is hot.**
디스 커-뤼 이즈 핫

날씨가 따스하고 화창하네요.
**The weather is warm and sunny.**
더 웨더- 이즈 워-엄 앤 써니

저희 부모님은 은퇴하셨어요.
**My parents are retired.**
마이 페뤈츠 아- 뤼타이어-드

배가 고프세요?
**Are you hungry?**
아- 유 헝그뤼

이 표는 유효합니까?
**Is this ticket good?**
이즈 디스 티킷 구웃

쇼핑 갈 준비됐어요?
**Are you ready for shopping?**
아- 유 뤠디 포- 샤핑

1. 정보·상태 표현 패턴　**91**

# 회화 연습

🔊 065~071

- 지금 바빠서. 미안하지만 통화를 못할 것 같은데.
- **OK. I'll call you later.**
  >>> M: I'm busy right now. Sorry, but I can't talk to you. | W: 알았어. 나중에 전화할게.

- 어제 교통사고가 나서 스미스 씨가 심하게 다쳤어.
- **No, really? How terrible!**
  >>> M: Mr. Smith was seriously hurt in a traffic accident yesterday. | W: 정말이야? 끔찍해라!

- 이 방 정말 덥다.
- **Shall I open the window?**
  >>> M: It's really hot in this room. | W: 창문을 열까?

- 봐, 내 아이야. 예쁘지 않아?
- **Let me hold her.**
  >>> W: Look. This is my baby. Isn't she cute? | M: 좀 안아 볼게.

- 벌써 10시네!
- **I have to go home.**
  >>> M: It's 10 o'clock already! | W: 집에 가야겠어.

- 캠핑 갈 준비 다 됐어?
- **Yes. I've been looking forward to it.**
  >>> M: Are you ready to go camping? | W: 그래. 손꼽아 기다려 왔으니까.

- 내일 오후에 시간 있어?
- **Yes, I am.**
  >>> M: Are you free tomorrow afternoon? | W: 그래.

패턴이 실제 회화에서 어떻게 쓰이는지 확인해 보자!

🔊 072~078

- 알레르기가 있습니까?
- **No, I'm not.**
  >>> M: Are you allergic to anything? | W: 없습니다.

- 여기가 뉴욕행 플랫폼이 맞습니까?
- **Yes, it is.**
  >>> M: Is this the right platform for New York? | W: 네.

- 런던 여행은 이번이 처음이세요?
- **No, I've been here several times.**
  >>> M: Is this your first trip to London? | W: 아뇨, 몇 번 여기 왔었어요.

- 팬케이크 다 됐어?
- **Almost, I just turned it over.**
  >>> M: Is the pancake ready? | W: 거의 다 됐어. 방금 뒤집었으니까.

- **Is it far from here?**
- 그렇게 멀지 않아.
  >>> M: 여기서 멀어? | W: It's not too far.

- 저 존인데요, 낸시 좀 바꿔주세요.
- **John! It's me! How are you doing?**
  >>> This is John speaking. Can I talk to Nancy? | W: 존! 나야! 잘 지냈어?

- 뉴욕은 가장 매력적인 도시 중 하나인 것 같지 않니?
- **Yes, I think so, too.**
  >>> M: New York is one of the most fascinating cities in the world, don't you think? | W: 그래, 나도 그렇게 생각해.

1. 정보 · 상태 표현 패턴    **93**

# 02 존재 표현 패턴

**Pattern 1** ||

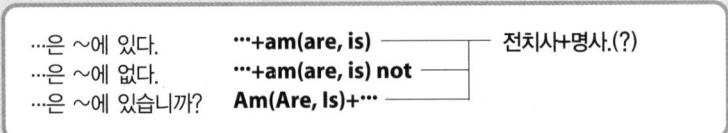

'주어+be동사' 뒤에 장소를 나타내는 말(전치사+명사)이 오면 '~에 있다'는 의미가 된다. 이 패턴의 주어가 되는 것은 소유격(the, my, his 등)이 붙은 명사 즉 특정한 사람이나 사물이다.
있는 장소를 물을 때는 의문사 where를 사용해서 'Where+be동사+주어?' 패턴으로 하면 된다.

- I am **at my office now.** 나는 지금 회사에 있다.
- You are **in the first basement now.** 당신은 지금 지하 1층에 있다.
- His house is **near the office.** 그의 집은 직장 근처에 있다.
- Is your book **on the desk?** 당신의 책은 책상 위에 있습니까?
- Your keys were **on the kitchen table.** 당신의 열쇠는 식탁에 있었다.
- The boys were not **at home.** 소년들은 집에 없었다.
- **Where** is the bus terminal? 버스 터미널은 어디 있습니까?

Pattern **2** ||

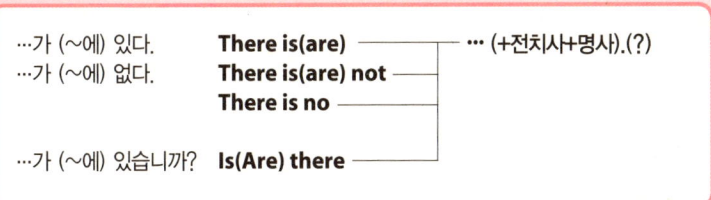

특정하지 않은 사물이나 사람이 '(~에) 있다'고 할 때는 There is(are) ~. 패턴을 이용한다. There는 형식주어이므로 약하게 발음한다. There 다음에는 'be동사+주어'의 어순이 되며, be동사 위치에 have(has) been이 오기도 한다.
부정문은 be동사 뒤에 not을 넣고, 의문문은 there를 형식상 주어로 생각해서 be동사+ there ~?로 하는데, 긍정문에 있는 some은 의문문에서는 any로 고친다. 대답할 때는 Yes, there is. 또는 No, there isn't.로 하면 된다.
과거형은 be동사를 과거형인 was(were)로 고친다.

- **There is** a fruit store on the corner. 모퉁이에 과일가게가 있다.
- **There are** two convenience stores near here. 근처에 편의점이 두 곳 있다.
- **There isn't** a restroom on this floor. 이 층에는 화장실이 없다.
- **There is** some money in the wallet. 지갑에 약간의 돈이 있다.
- **Is there** any money in the wallet? 지갑에 돈이 좀 있어요?
- **Are there** parking lots near the shop? 가게 근처에 주차장이 있습니까?
- **Was there** a carpet on the floor? 바닥에 카펫이 없었어요?

# 패턴 연습

**Pattern 1 ||**  ◐▶079

```
…은 ~에 있다.        …+am(are, is) ─────┐
…은 ~에 없다.        …+am(are, is) not    ├─ 전치사+명사.(?)
…은 ~에 있습니까?     Am(Are, Is)+…      ┘
```

| | |
|---|---|
| 나는 지금 지하철을 타고 있어요. | **I am** on the subway now.<br>아임 온 더 써브웨이 나우 |
| 그 백화점은 지하철 근처에 있어요. | **The department store is** near the subway.<br>더 디파-트먼트 스토어- 이즈 니어- 더 써브웨이 |
| 그들의 본사는 8층에 있어요. | **Their head office is** on the eighth floor.<br>데어- 헤드 어-퓌스 이즈 온 디 에이쓰 플로어- |
| 그녀는 지금 집에 없어요. | **She isn't** at home now.<br>쉬 이즌트 앳 호움 나우 |
| 그는 입원했습니까? | **Is he** in the hospital?<br>이즈 히 인 더 하스피를 |
| 소와 말들은 농장에 있나요? | **Are cows and horses** in the farm?<br>아- 카우즈 앤 호-씨즈 인 더 퐈암 |
| 나는 지난 일요일에 체육관에 있었어요. | **I was** in the gym last Sunday.<br>아이 워즈 인 더 쥠 래-스트 썬데이 |
| 존은 지난 달에 한국에 있었나요? | **Was John** in Korea last month?<br>워즈 좐 인 커뤼-아 래-스트 먼쓰 |

*PART 3 영어 패턴 연습: 주제별 핵심 패턴*

패턴을 이용해서 다양한 문장을 만들어 보자!

## Pattern 2 ||

> …가 (〜에) 있다.　**There is(are)**　── … (+전치사+명사).(?)
> …가 (〜에) 없다.　**There is(are) not** ──
> 　　　　　　　　　**There is no** ──
>
> …가 (〜에) 있습니까?　**Is(Are) there** ──

| 우리 회사 근처에 공원이 있어요. | **There's** a park near our office. |
|---|---|
| | 데어-리즈 어 파악 니어- 아우어- 어-퓌스 |

| 이 지역에는 외국인이 많아요. | **There are** a lot of foreigners in this area. |
|---|---|
| | 데어- 아- 어 랏 오브 포-뤼너-즈 인 디스 에어뤼어 |

| 식탁에 나이프가 없어요. | **There isn't** a knife on the table. |
|---|---|
| | 데어- 이즌트 어 나이프 온 더 테이벌 |

| 공원에는 벤치가 없어요. | **There's no** bench in the park. |
|---|---|
| | 데어-즈 노우 벤취 인 더 파악 |

| 시내로 가는 버스 편 있나요? | **Is there** a bus for downtown? |
|---|---|
| | 이즈 데어- 어 버스 포- 다운타운 |

| 입장권 남은 것 있나요? | **Are there** any tickets left? |
|---|---|
| | 아- 데어- 에니 티키츠 레프트 |

| 길에서 사고가 있었나요? | **Was there** an accident on the road? |
|---|---|
| | 워즈 데어- 언 액-시든트 온 더 로우드 |

| 청중에게서 질문이 있었나요? | **Were there** any questions from the audience? |
|---|---|
| | 워- 데어- 에니 퀘스쳔즈- 프뤔 디 오-디언스 |

2. 존재 표현 패턴

# 회화 연습

🔊 081~087

- **Where is mom?**
- 부엌에 계셔.
  >>> M: 엄마 어디 계셔? | W: She's in the kitchen.

- **Where are John and Jenny?**
- 아직 회사에 있어.
  >>> M: 존하고 제니 어디 있어? | W: They are still in the office.

- **Where were you last night?**
- 앤디하고 근처 술집에 있었어.
  >>> M: 어제 밤에 어디 있었어? | W: I was at the nearby pub with Andy.

- **Oops! I pressed the record button by mistake!**
- 뭐? 멈춰! 테이프에 좋아하는 노래가 들었어.
  >>> M: 아이고! 실수로 녹음 버튼을 눌렀어! | W: What? Stop it! My favorite song is on that tape.

- **Cindy, where did you put the manual for the TV we bought last week?**
- 수납장 안에 있어. 위에서 두 번째 서랍이야.
  >>> M: 신디, 지난 주에 산 텔레비전 설명서 어디 두었어? | W: It's in the cabinet, the second drawer from the top.

- 있잖아, 좋은 해결책이 있어.
- **Oh, really?**
  >>> M: Listen, there're some good ways to solve this. | W: 그래?

- **Is Mr. Smith there?**
- 아뇨, 그 분은 출장 가서 지금 안 계세요.
  >>> M: 스미스 씨 계세요? | W: No, he is out on business right now.

**패턴이 실제 회화에서 어떻게 쓰이는지 확인해 보자!**

🎧 088~094

- 🙂 시내로 들어가는 셔틀버스가 있나요?
- 🙂 No, I'm afraid not.
    >>> M: Is there a shuttle into the city? | W: 없는데요.

- 🙂 Is there a Chinese restaurant near here?
- 🙂 네, 모퉁이에 하나 있어요.
    >>> M: 이 근처에 중국 음식점 있나요? | W: Yes, there's one at the corner.

- 🙂 내가 도와 줄 일이 없어?
- 🙂 Yes. Squeeze the lemon, please.
    >>> M: Is there anything I can do for you? | W: 있어. 레몬을 짜 줘.

- 🙂 Is there a good boutique around here?
- 🙂 네, 이 지역에 몇 군데 있어요.
    >>> M: 이 근처에 좋은 의상실이 있나요? | W: Yes, there're some boutiques in this district.

- 🙂 What's there on the corner?
- 🙂 그러니까… 은행이 하나 있어.
    >>> M: 모퉁이에 뭐가 있어? | W: Well ..., there is a bank on the corner.

- 🙂 How many people are there in your family?
- 🙂 5명이에요.
    >>> M: 식구가 몇이나 되죠? | W: There are five.

- 🙂 그 호텔에 수영장이 있었어?
- 🙂 Yes, there was.
    >>> M: Was there a pool at the hotel? | W: 있었어.

2. 존재 표현 패턴　**99**

# 03 소유 표현 패턴

have는 '갖고 있다(소유하고 있다)'라는 의미이지만, 먹거나 마시는 등 여러 가지 행동이나 경험을 말할 때도 쓰이며, 구체적인 사물뿐만 아니라 추상적인 것(사고, 감정, 상태)에도 폭넓게 쓰인다. 좁은 의미로 '소유'를 표현할 경우에는 I have got(I've got) ~.으로 나타낼 때가 많다.

- have a car 차를 갖고 있다 《소유》
- have black hair 검은 머리다 《어떤 특질·특징이 있다》
- have a cat 고양이를 기르고 있다 《키우다》
- have a brother 형이 있다 《특정한 관계를 맺고 있는 사람이 있다》
- have a headache 두통이 난다 《(병이) 있다, (병을) 앓고 있다》
- have a drink 마시다 《~을 하다》
- have a idea 생각이 있다 《감정·생각이 들다》

| 인칭 | have동사(현재형) | | | | have동사(과거형) | |
|---|---|---|---|---|---|---|
| | 단수 | 단축형 | 복수 | 단축형 | 단수 | 복수 |
| 1인칭 | I have | I've | we have | we've | I had | we had |
| 2인칭 | you have | you've | you have | you've | you had | you had |
| 3인칭 | he has<br>she has<br>it has | he's<br>she's<br>it's | they have | they've | he had<br>she had<br>it had | they had |

Pattern **1** ||

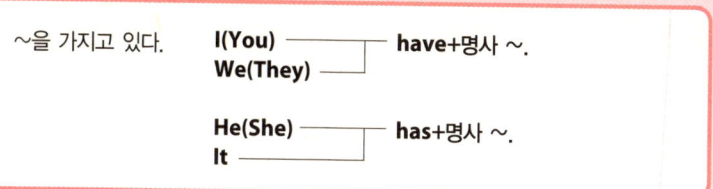

- **I have** a reservation at five. 나는 5시에 예약을 했다.
- **He has** two tickets for the concert. 그는 콘서트 표 2장을 갖고 있다.

Pattern **2** ||

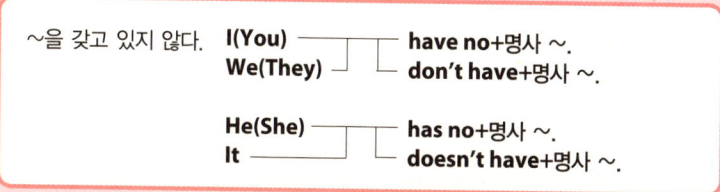

- **I have no** time to go to a movie. 나는 영화 보러 갈 시간이 없다.
- **He doesn't have** time to practice. 그는 연습할 시간이 없다.

Pattern **3** ||

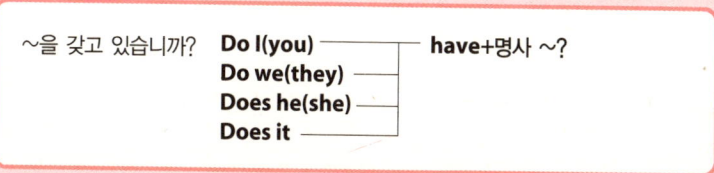

- **Do you have** a room for tonight? 오늘밤 방 있습니까?
- **Does she have** a child? 그녀에게 아이가 있습니까?

# 패턴 연습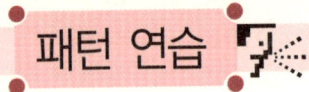

**Pattern 1 ||**　　　　　　　　　　　　　　　　　　　　　　　095

> ~을 가지고 있다.　　I(You) / We(They) ── have+명사 ~.
>
> 　　　　　　　　　He(She) / It ── has+명사 ~.

| 형이 세 명 있어요. | **I have** three older brothers.<br>아이 해브 쓰뤼- 오울더- 브뤄더-즈 |
|---|---|
| 매일 아침 나는 커피를 한 잔 마셔요. | **I have** a cup of coffee every morning.<br>아이 해브 어 컵 오브 커-퓌- 에브뤼 모-닝 |
| 여기가 아파요. | **I have** a pain here.<br>아이 해브 어 페인 히어- |
| 당신은 좋은 카메라를 갖고 있군요. | **You have** a nice camera.<br>유 해브 어 나이스 캐-므러 |
| 그에게는 특별한 취미가 있어요. | **He has** a special hobby.<br>히 해즈 어 스페셜 하-비 |
| 낸시는 아기를 업고 있어요. | **Nancy has** a baby on her back.<br>낸-시 해즈 어 베이비 온 허- 백- |
| 우리는 매년 두 번 공연을 해요. | **We have** a concert twice every year.<br>위 해브 어 칸-써-트 트와이스 에브뤼 이어- |
| 2인용 침실을 예약했어요. | **We have** a reservation for a twin room.<br>위 해브 어 뤠저-베이션 포- 러 트윈 루-움 |

패턴을 이용해서 다양한 문장을 만들어 보자!

Pattern 2 ||

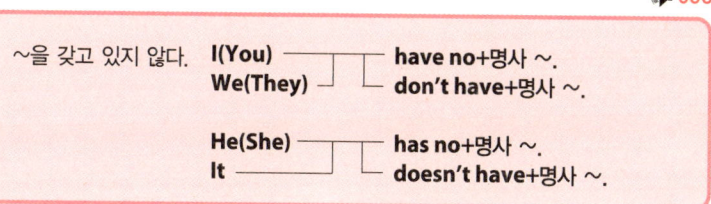

| 난 돈이 없어요. | I have no money with me. |
|---|---|
| | 아이 해브 노우 머니 윗 미 |

| 난 식욕이 없어요. | I have no appetite. |
|---|---|
| | 아이 해브 노우 애-피타잇 |

| 나는 공부할 시간이 없어요. | I don't have time to study. |
|---|---|
| | 아이 도운트 해브 타임 트 스터디 |

| 나는 형제도 자매도 없어요. | I have no brothers or sisters. |
|---|---|
| | 아이 해브 노우 브뤄더-즈 오- 씨스터-즈 |

| 당신은 부양할 가족이 없군요. | You don't have a family to support. |
|---|---|
| | 유 도운트 해브 어 패-믈리 트 써포-엇 |

| 톰은 버릇이 없어요. | Tom has no manners. |
|---|---|
| | 탐 해즈 노우 매-너즈 |

| 그는 이럴 권한이 없어요. | He doesn't have the right to do this. |
|---|---|
| | 히 더즌트 해브 더 롸잇 트 두 디스 |

| 우리는 공 CD가 하나도 없어요. | We don't have any blank CDs. |
|---|---|
| | 위 도운트 해브 에니 블랭-크 씨-디-즈 |

3. 소유 표현 패턴  **103**

패턴을 이용해서 다양한 문장을 만들어 보자!

Pattern 3 ||

~을 갖고 있습니까?
- Do I(you)
- Do we(they) ── have+명사 ~?
- Does he(she)
- Does it

| | |
|---|---|
| 점심 먹을 시간은 있나요? | **Do I have** time for lunch?<br>드 아이 해브 타임 포- 런취 |
| 제가 맞게 전화한 건가요? | **Do I have** the right number?<br>드 아이 해브 더 롸잇 넘버- |
| 다른 브랜드 있어요? | **Do you have** any other brands?<br>드 유 해브 에니 아더- 브랜즈 |
| 무슨 좋은 생각 있어요? | **Do you have** any ideas?<br>드 유 해브 에니 아이디어즈 |
| 이 소스에 땅콩이 들어 있나요? | **Does this sauce have** peanuts in it?<br>더즈 디스 쏘-스 해브 피너츠 인 잇 |
| 그녀가 또 감기에 걸렸나요? | **Does she have** another cold?<br>더즈 쉬 해브 어나더- 코울드 |
| 우리한테 그 지역 지도가 있나요? | **Do we have** a map of the area?<br>드 위 해브 어 맵- 오브 디 에어뤼어 |
| 그 지방에는 눈이 많이 오나요? | **Do they have** much snow in that district?<br>드 데이 해브 머취 스노우 인 댓 디스트뤽트 |

# 회화 연습

패턴이 실제 회화에서 어떻게 쓰이는지 확인해 보자!

🔊 098~104

- 머리가 아파.
- Are you all right? Anyway, I'll turn off the TV.
    >>> M: I have a headache. | W: 괜찮아? 어쨌든 텔레비전을 끌게.

- What do you have in your hands?
- 사탕이 몇 개 있어.
    >>> M: 손에 뭘 갖고 있어? | W: I have some candy.

- 이거 다른 색깔 있어요?
- We have only black and red.
    >>> M: Do you have this in any other colors? | W: 검정색하고 빨간색뿐입니다.

- 바지에 흙탕물이 묻어 있어. 무슨 일 있었어?
- A car splashed it on me.
    >>> M: You have mud on your pants. What happened? | W: 자동차가 지나가면서 튀겼어.

- 펜이나 다른 뭔가 쓸 것 있어?
- Here you are.
    >>> M: Do you have a pen or something else to write with? | W: 여기 있어.

- I thought I would pass the exam, but I didn't.
- 기회가 한 번 더 있잖아. 다시 해봐!
    >>> M: 시험에 합격할 줄 알았는데, 안 됐어. | W: Well, you have one more chance. Try again!

- Did you catch a cold?
- 응, 어제 밤에 샤워하고 머리 말릴 시간이 없었어.
    >>> M: 감기 걸렸니? | W: Yeah, I had no time to dry my hair after a shower last night.

3. 소유 표현 패턴

# 04 명령·주의 표현 패턴

상대방에게 '~하세요.'라고 지시하거나 요구라는 문장을 명령문이라고 한다. 명령문은 주어를 생략하고 문장을 동사원형으로 시작한다. 명령을 하는 대상이 상대방(You)이므로 명백한 주어인 You를 생략하는 것이다. 그런데 명령의 상대방을 강조하고 싶을 때는 명령문 앞에 You를 붙인다.

예 Come in! → You come in! 당신 들어와요!

명령문은 지시나 요구할 때뿐만 아니라 부탁할 때도 쓸 수 있다. please를 명령문 앞이나 뒤에 붙이면 다소 공손한 표현이 된다.

Pattern 1 ||

```
~해라.(~하세요.)   (Please) ┬ 동사원형 ~.
                           └ be동사+형용사 ~.
```

명령문에 please를 붙인다고 해서 반드시 공손한 표현이 되는 것은 아니다. please를 붙여도 명령문이므로 일방적으로 요구하는 느낌이 있어서 재촉하는 것처럼 들릴 수도 있기 때문이다.

- **Lay** it on the ground. 그것을 땅에 놓으세요.
- **Give** me your e-mail address. 이메일 주소를 가르쳐 주세요.
- **Be** careful not to catch cold, Jane. 제인, 감기 걸리지 않도록 조심해요.
- Please **open** the window. 창문을 열어 주세요.
- **Be** sure to e-mail, please 이메일 꼭 보내 주세요.

Pattern 2 ||

> ~하지 마라.  **Don't** ┬─ 동사원형 ~.
> 절대로 ~하지 마라.  **Never** ┴─ be동사+형용사 ~.

'~하지 마세요.'라고 금지하는 부정 명령문은 'Don't+동사원형 ~.' 패턴으로 한다. 강조할 때는 Don't 대신에 Do not을 쓸 수 있고, 더욱 더 강조하고 싶을 때는 Don't 대신에 Never를 쓰면 된다.
Don't 뒤에는 동사원형이 오므로 일반 동사 외에 be동사가 올 수도 있다.

- **Don't** worry about it. 그 일은 걱정하지 마세요.
- **Don't** be shy. 부끄러워 하지 마세요.
- **Never** give up. 절대로 포기하지 마세요.
- **Never** be late for school. 절대로 지각하지 마세요.

# 패턴 연습

**Pattern 1 ||**  ◀▶ 105

~해라.(~하세요.)　**(Please)** ─ 동사원형 ~.
　　　　　　　　　　　　 └ be동사+형용사 ~.

| 두 번째 신호에서 오른쪽으로 도세요. | **Turn** right at the second traffic light.<br>터언 롸잇 앳 더 쎄컨드 트뢔-픽 라잇 |
|---|---|
| 7층까지 엘리베이터를 타세요. | **Take** the elevator to the seventh floor.<br>테익 디 엘리베이러- 트 더 쎄븐쓰 플로어- |
| 조심해. | **Watch** out.<br>워춰 아웃 |
| 다음 버스를 타세요. | **Get** on the next bus.<br>겟 온 더 넥스트 버스 |
| 똑바로 가면 오른쪽에 있어요. | **Go** straight and it's on the right.<br>고우 스트뢔이트 앤 잇츠 온 더 롸잇 |
| 조용히 해라. | **Be** quiet.<br>비 콰이어트 |
| 집에 있어요. | **Be** at home.<br>비 앳 호움 |
| 다른 사람들에게 친절해라. | **Be** kind to others.<br>비 카인드 트 아더-즈 |
| 그걸 거꾸로 놓지 않도록 조심해요. | **Be** careful not to put it upside down.<br>비 케어-플 낫 트 풋 잇 업싸이드 다운 |

패턴을 이용해서 다양한 문장을 만들어 보자!

Pattern 2 ||

~하지 마라.  **Don't** ┬ 동사원형 ~.
절대로 ~하지 마라.  **Never** ┴ be동사+형용사 ~.

| | |
|---|---|
| 이 버튼을 누르지 마세요. | Don't push this button.<br>도운트 푸쉬 디스 버튼 |
| 거기 가지 마세요. | Don't go there.<br>도운트 고우 데어- |
| 그 음료를 냉장고에 넣지 마세요. | Don't put those drinks in the fridge.<br>도운트 풋 도우즈 드링스 인 더 프뤼쥐 |
| 휴가기간에 절대 연락하지 마. | Never call me on my holiday.<br>네버- 코올 미 온 마이 할-러데이 |
| 절대 비밀번호를 잊지 마세요. | Never forget your password.<br>네버- 퍼-겟 유어- 패-스워-드 |
| 절대 음주운전 하지 마. | Never drink and drive.<br>네버- 드링 앤 드라이브 |
| 회의에 늦지 마세요. | Don't be late for the meeting.<br>도운트 비 레이트 포- 더 미-링 |
| 실수하는 걸 두려워하지 마세요. | Don't be afraid of making a mistake.<br>도운트 비 어프뤠이드 옵 메이킹 어 미스테익 |
| 절대 떠들지 마. | Never be noisy.<br>네버- 비 노이지 |

# 회화 연습

🔊 107~113

- 두 번째 신호등에서 오른쪽으로 가세요.
- **Oh, thank you.**
  >>> M: Turn right at the second traffic light. | W: 아, 고마워요.

- 9시에 마중 나와 주세요.
- **Yes, sir.**
  >>> M: Please pick me up at 9 o'clock. | W: 알겠습니다.

- 저기 좀 봐!
- **Yes, what is it?**
  >>> M: Please look over there! | W: 그래, 뭐지?

- 길을 건널 땐 조심해.
- **Oh, yes, I will.**
  >>> M: Be careful when you cross the street. | W: 그렇게.

- **I can't sleep. I just had two cups of coffee.**
- 억지로 자려고 하지 말고 그냥 눈만 감고 있어.
  >>> M: 커피를 두 잔 마셨더니 잠이 안 와. | W: Just close your eyes and don't try to sleep.

- 내가 구운 쿠키 맛 좀 봐.
- **Wow! It's delicious.**
  >>> M: Try some cookies I baked. | W: 와! 맛있다.

- 원하는 대로 하게 해줄 테니까. 최선을 다해 봐. 그런데 한 일에는 책임을 져.
- **I understand.**
  >>> M: Try your best. I'll let you do as you like. But you are responsible for what you do. | W: 알았어.

패턴이 실제 회화에서 어떻게 쓰이는지 확인해 보자!

🔊 114~120

- Look! Something is blinking in the sky!
- 진정해. 아마 비행기일 거야.
  >>> M: 저기 봐! 하늘에서 뭐가 깜박거려! | W: Calm down. That must be a plane.

- 책상 위에 앉지 마!
- I'm sorry.
  >>> M: Don't sit on the desk! | W: 미안해.

- Mom, how long should I rinse out the laundry?
- 걱정 마. 전자동 세탁기야.
  >>> M: 엄마, 빨래를 얼마나 헹궈야 해요? | W: Don't worry. It's automatic.

- 바닥을 너무 세게 문지르면 안 돼. 흠집이 나.
- I don't care.
  >>> M: Don't scrub the floor too hard. You'll damage it. | W: 아무려면 어때.

- 문 잠그는 것 잊지 말거라.
- Yes, mom.
  >>> W: Don't forget to lock the door. | M: 네, 엄마.

- 벨트를 풀지 마.
- Why not? I want to relax at home.
  >>> W: Don't loosen your belt. | M: 왜? 집에선 편하게 있고 싶어.

- 그것에 손대면 절대로 안 돼.
- Why not?
  >>> M: Never touch it! | W: 왜?

4. 명령·주의 표현 패턴  **111**

# 05 충고 · 조언 표현 패턴

Pattern 1 ||

> ~하세요.  **You should** ──┐
> ~하는 게 좋겠다.  **You'd better** ──┴── 동사원형 ~.

should는 강한 명령에 가까운 must나 had better보다 부드러운 뉘앙스로 가볍게 충고를 하거나 규칙을 설명해 줄 때 주로 쓴다. 자신이 없어서 다른 사람에게 조언을 청할 때는 Should I+동사원형~? 패턴으로 하면 된다.
You'd better는 You had better의 줄임말이고, '~하는 게 좋겠다. 안 그러면 문제가 일어날 거다.'라는 강한 충고, 경고의 의미가 있으므로 손위사람이나 모르는 사람에게는 쓰지 않는 게 좋다. You'd better 앞에 I think, maybe, perhaps 등을 붙이면 돌려서 말하는 부드러운 느낌의 표현을 만들 수 있다.

- **You should** transfer from subway to bus. 지하철에서 버스로 갈아타세요.
- **You shouldn't** believe him. 그를 믿어서는 안 된다.
- **You'd better** stop at a gas station. 주유소에 들리는게 좋겠다.
- **You'd better** not use it. 그것을 사용하지 않는 게 좋겠다.

Pattern 2 ||

> ~했어야 했다.  **You should have+과거분사 ~.**

과거의 일에 관해서 '~했어야 했다'라고 할 때는 You should have+과거분사 ~. 패턴으로 한다. 실제로는 하지 않았다는 것을 표현한다.

- **You should have talked** to me first. 나한테 먼저 말을 했어야 했다.
- **You should have been** more careful. 좀 더 조심했어야 했다.

## Pattern 3

> ~하면 어때요?  **Why don't you+동사원형 ~?**

Why don't you~?는 가까운 사이에 가볍게 조언하거나 제안·권유할 때 사용하는 패턴으로 Why not ~?으로 바꿔 말할 수도 있다. 공손하게 말할 때는 Would you like to+동사원형? 패턴으로 하면 된다. How about ~?도 같은 의미로 자주 쓰인다.

- **Why don't you rent a car?** 차를 빌리면 어때요?
- **Why don't you order a drink first?** 음료를 먼저 주문하면 어때요?

## Pattern 4

> …해라, 그러면 ~할 것이다.　　　**명령문, and ──── ~.**
> 만일 …하면 ~할 것이다.　　　　**If (긍정문) … ────**
>
> …해라, 그렇지 않으면 ~할 것이다.　**명령문, or ──── ~.**
> 만일 …하지 않으면 ~할 것이다.　　**If (부정문) … ────**

'명령문+and(or)' 패턴도 일상에서 충고·조언할 때 자주 쓰이는 표현이다. 명령문 뒤에 and가 오면 '…하세요, 그러면 ~'라는 의미이고, or가 오면 '…하세요, 그러지 않으면 ~'이란 의미를 나타낸다. or를 or else로 바꿔 말할 수도 있다.
and와 or를 if절로 바꿔서 같은 의미를 나타낼 수 있다.

- **Please make haste, and you'll be in time.** 서두르세요, 그러면 시간에 맞출 수 있어요.
  **If you make haste, you'll be in time.** 서두르면, 시간에 맞출 수 있어요.
- **Please make haste, or you'll miss the train.** 서두르세요, 안 그러면 열차를 놓쳐요.
  **If you don't make haste, you'll miss the train.** 서두르지 않으면 열차를 놓쳐요.

# 패턴 연습

**Pattern 1** ||

~하세요.   **You should** ─┐ 동사원형 ~.
~하는 게 좋겠다.   **You'd better** ─┘

| | |
|---|---|
| 거기에 택시를 타고 가세요. | You should go there by taxi.<br>유 슈드 고우 데어- 바이 택시 |
| 다른 사람에게 친절하세요. | You should be kind to others.<br>유 슈드 비 카인드 아더-즈 |
| 진찰을 받아 보는 게 좋겠어요. | You'd better see a doctor.<br>유드 베러- 씨- 어 닥터- |
| 좀 더 조심하는 게 좋겠어요. | You'd better be more careful.<br>유드 베러- 비 모어- 케어플 |
| 돈을 너무 많이 쓰면 안 돼요. | You shouldn't spend too much money.<br>유 슈든트 스펜드 투- 머취 머니 |
| 과로하지 않는 게 좋겠어요. | You'd better not work too hard.<br>유드 베러- 낫 워억 투- 하드 |
| 예약을 해야 하나요? | Should I make a reservation?<br>슈-다이 메익 어 뤠져-베이션 |
| 다음 역에서 갈아타야 하나요? | Should I change trains at the next station?<br>슈-다이 췌인쥐 트뤠인즈 앳 더 넥스트 스테이션 |

패턴을 이용해서 다양한 문장을 만들어 보자!

Pattern 2 ||

🔊 122

| ~했어야 했다. | **You should have+과거분사 ~.** |

| | |
|---|---|
| 좀 더 일찍 일어났어야 했어요. | You should have got up earlier.<br>유 슈드 해브 갓 업 얼리어- |
| 그 경기를 봤어야 했어요. | You should have seen the game.<br>유 슈드 해브 씨인 더 게임 |
| 즉시 가야 했어요. | You should have gone at once.<br>유 슈드 해브 거언 앳 원스 |
| 급행열차를 타야 했어요. | You should have taken the express train.<br>유 슈드 해브 테이큰 디 익스프뤠스 트뤠인 |
| 클라크 씨의 충고를 들어야 했어요. | You should have followed Mr. Clark's advice.<br>유 슈드 해브 쮤-러우드 미스터- 클락-스 어드봐이스 |
| 물건을 속달로 부쳐야 했어요. | You should have sent your goods by express mail.<br>유 슈드 해브 쎈트 유어- 구웃즈 바이 익스프뤠스 메일 |
| 당신이 직접 그 일을 해야 했어요. | You should have done it yourself.<br>유 슈드 해브 던 잇 유어-쎌프 |

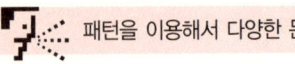
패턴을 이용해서 다양한 문장을 만들어 보자!

Pattern 3 ||  ▶123

| ~하면 어때요? | **Why don't you+동사원형 ~?** |

| 그에게 물어보면 어때요? | Why don't you ask him? |
|---|---|
| | 와이 도운츄 애-스크 힘 |

| 즉시 가는 게 어때요? | Why don't you go at once? |
| | 와이 도운츄 고우 앳 원스 |

| 호텔로 가서 쉬는 게 어때요? | Why don't you go to the hotel and rest? |
| | 와이 도운츄 고우 트 더 호우텔 앤 뤠스트 |

| 오늘 밤 우리 집에 오는 게 어때요? | Why don't you come to my house tonight? |
| | 와이 도운츄 컴 트 마이 하우스 트나잇 |

| 고객 서비스센터에 전화해보면 어때요? | Why don't you call customer service? |
| | 와이 도운츄 코올 커스터머- 써-비스 |

| 택시 대신에 버스를 타면 어때요? | Why don't you take a bus instead of a taxi? |
| | 와이 도운츄 테익 어 버스 인스테드 오브 어 택-시 |

| 빨간색 드레스를 입는 건 어때요? | Why not wear a red dress? |
| | 와이 낫 웨어- 어 뤳 드뤠스 |

| 오늘의 요리를 먹어보면 어때요? | Why not have the dish of the day? |
| | 와이 낫 해브 더 디쉬 오브 더 데이 |

Pattern 4 ||

| …해라, 그러면 ~할 것이다. | 명령문, and ──┐ |
| 만일 …하면 ~할 것이다 | If (긍정문) … ──┴ ~. |
| …해라, 그렇지 않으면 ~할 것이다. | 명령문, or ──┐ |
| 만일 …하지 않으면 ~할 것이다 | If (부정문) … ──┴ ~. |

열심히 공부해요, 그러면 시험에 합격할 거예요.
Study hard, and you'll pass the exam.
스터디 하―드 앤 유일 패스 디 이그잼-

열심히 공부하면 시험에 합격할 거예요.
If you study hard, you'll pass the exam.
이프 유 스터디 하―드 유일 패스 디 이그잼-

서둘러요, 그러지 않으면 늦을 거예요.
Hurry up, or you'll be late.
허뤼 업 오- 유일 비 레이트

서두르지 않으면 늦을 거예요.
If you don't hurry up, you'll be late.
이프 유 도운 허뤼 업 유일 비 레이트

이 약을 먹어요. 그러면 곧 좋아질 거예요.
Take this medicine, and you'll get well soon.
테익 디스 메드슨 앤 유일 겟 웰 수운

이 약을 먹으면, 곧 좋아질 거예요.
If you take this medicine, you'll get well soon.
이프 유 테익 디스 메드슨 유일 겟 웰 수운

발밑을 조심해요, 그러지 않으면 미끄러져 넘어져요.
Watch your step, or you'll slip and fall.
워취 유어- 스텝 오- 유일 슬립 앤 포올

발밑을 조심하지 않으면 미끄러져 넘어져요.
If you don't watch your step, you'll slip and fall.
이프 유 도운 워취 유어- 스텝 유일 슬립 앤 포올

# 회화 연습

🔊 125~131

- **I have a toothache.**
- 치과에 가봐.
  >>> M: 이가 아파. | W: You should see a dentist.

- **One more beer, please!**
- 과음하지 않는 게 좋겠어.
  >>> M: 맥주 한 잔 더 줴! | W: You shouldn't drink too much.

- 서명을 한국어로 하면 좋겠어, 영어로 하면 좋겠어?
- **English would be better.**
  >>> M: Should I sign my name in Korean or English? | W: 영어가 낫겠어.

- 밤을 새우지 않는 게 좋겠다.
- **All right, mom. Good night.**
  >>> W: You'd better not stay up all night. | M: 알겠어요, 엄마. 안녕히 주무세요.

- 딕, 내 충고대로 하는 게 상책이야.
- **All right. I will.**
  >>> W: Dick, you had best follow my advice. | M: 알았어. 그럴게.

- **They lost the game but they were still really good. Don't you think so?**
- 모르겠어. 이겼으면 좋았잖아.
  >>> M: 그들은 경기에 졌어도 참 잘 했어. 그런 것 같지 않아? | W: I don't know. They should've won.

- **I had trouble finding a place to eat last night.**
- 식당을 예약해 두어야 했어.
  >>> M: 어제 밤에는 먹을 데를 찾느라 고생했어. | W: You should've made resevations at a restaurant.

패턴이 실제 회화에서 어떻게 쓰이는지 확인해 보자!

🔊 132~138

- 더 열심히 공부했으면 좋았잖아.
- **I regret that I have been lazy.**
    >>> M: You should have studied harder. | W: 게으름 피운 것 후회해.

- **Did you forget your password?**
- 응. 수첩에 적어 두는 건데.
    >>> M: 비밀번호를 잊었니? | W: Yes. I should've written it down in my notebook.

- **The toilet won't flush.**
- 다시 한 번 해보면 어때?
    >>> M: 변기의 물이 내려가질 않아. | W: Why don't you try again?

- 당장 그를 만나보는 게 어때?
- **I'd better not. Because he seems very busy all day today.**
    >>> M: Why don't you meet him now? | W: 안 그러는 게 좋겠어. 오늘은 하루 종일 너무 바쁠 것 같으니까.

- **I can't reach the book. It's on the top shelf.**
- 팔을 조금만 더 뻗어 볼래?
    >>> M: 책에 손이 안 닿아. 책장 꼭대기에 있어. | W: Why don't you stretch your arm a little bit more?

- **Excuse me where is the post office?**
- 똑바로 두 블록 가면 오른쪽에 보일 거예요.
    >>> M: 실례지만 우체국이 어디죠? | W: Go straight two block, and you'll find it on your right.

- **I haven't gotten my passport yet. Should I get it now?**
- 물론이야. 서둘러, 안 그러면 여행을 못 가게 돼.
    >>> M: 여권을 아직 취득하지 못 했는데. 지금 해야 돼? | W: Definitely. Hurry, or you will miss the trip.

5. 충고·조언 표현 패턴 **119**

# 06 필요 · 의무 표현 패턴

조동사 must(~해야 한다)는 필요 · 의무 · 명령을 나타내므로 규칙이나 사용법을 설명할 때 주로 쓰이고, '~임에 틀림없다'라는 강한 추측을 말할 때도 쓰인다.

have to도 must와 같이 '~해야 한다'라는 의미이지만 강제의 의미가 약하기 때문에 부드러운 느낌이 있다. 또한 must가 화자의 주관적인 의견이나 판단을 강하게 말하는 데 비해 have to는 화자의 의지보다는 주변의 사정이나 요인을 객관적으로 판단해서 '~해야 한다'고 할 때 쓰인다.

- I must go home now. 지금 가봐야 해요.〈화자의 의지나 형편 때문에〉
- I have to go home now. 지금 가봐야 해요.〈막차 시간 등 상황 때문에〉

must는 현재시제뿐이지만 have to는 현재시제 외에 과거시제(had to), 미래시제(will have to), 완료시제로도 쓰인다.

필요 · 의무의 강도는 must〉have to〉had better〉ought to〉should의 순서로 약해진다는 것도 알아두자.

부정문은 must가 조동사이므로 뒤에 not을 붙여 must not(~해선 안 된다)으로 강한 금지를 나타낸다.

- You must take one pill at a time. 한 번에 한 정 복용해야 한다.
- You must not be late tomorrow. 내일 지각해선 안 된다.

|  | 긍정문 | 부정문 | 과거형 | 미래형 |
|---|---|---|---|---|
| **must** | must<br>~해야 한다 | must not<br>~해서는 안 된다 | × | × |
| **have to** | have to<br>~해야 한다 | don't have to<br>~할 필요 없다 | had to<br>~해야 했다 | will have to<br>~해야 할 것이다 |

Pattern **1** ||

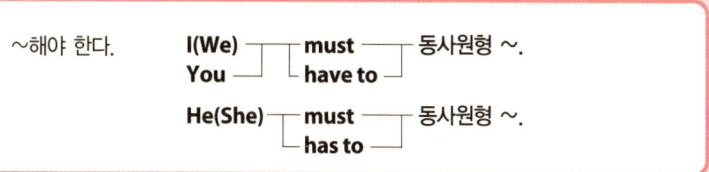

- **I must** find a cheaper apartment. 더 싼 아파트를 찾아야 합니다.
- **All visitors must** have a ticket. 모든 방문객은 표가 있어야 합니다.
- **I have to** wait a week more. 한 주 더 기다려야 하겠다.


Pattern **2** ||

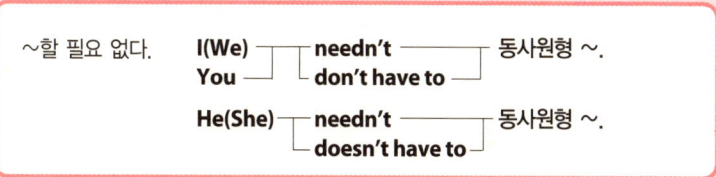

- **You don't have to** stay here. 당신은 여기 있을 필요 없습니다.
- **You needn't** finish that work today. 당신은 그 일을 오늘 끝낼 필요는 없습니다.


Pattern **3** ||

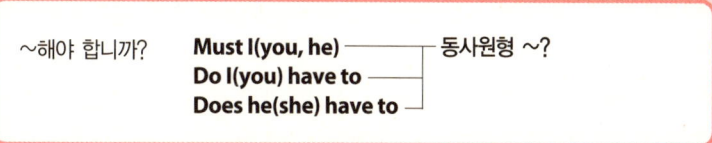

- **Must I** finish the report by tomorrow? 그 보고서를 내일까지 끝내야 합니까?
- **Do I have to** make a reservation? 예약을 해야 합니까?

# 패턴 연습

**Pattern 1** ||

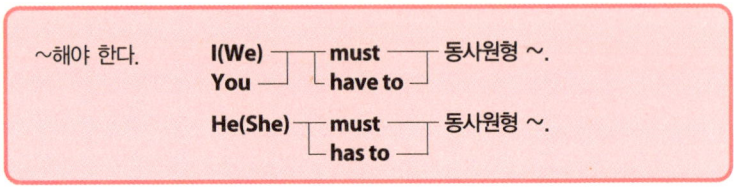

| 우리는 당장 출발해야 해요. | We must start at once. |
|---|---|
| | 위 머스트 스타앗 앳 원스 |

| 약속은 꼭 지키야 해요. | You must keep your promise. |
|---|---|
| | 유 머스트 키입 유어- 프롸-미스 |

| 그걸 다시 확인해야 해요. | You must check it out again. |
|---|---|
| | 유 머스트 췍 잇 아웃 어젠- |

| 그는 선생님 말을 더 주의해서 들어야 해요. | He must pay more attention to what the teacher says. |
|---|---|
| | 히 머스트 페이 모어- 어텐션 트 왓 더 티-춰- 쎄즈 |

| 6시까지 거기 가야 해요. | I have to be there by six. |
|---|---|
| | 아이 해브 트 비 데어- 바이 씩스 |

| 월요일에 회의에 참석해야 해요. | You have to attend the meeting on Monday. |
|---|---|
| | 유 해브 트 어텐드 더 미-링 온 먼데이 |

| 버스를 한 시간이나 기다려야 했어요. | I had to wait an hour for the bus. |
|---|---|
| | 아이 해드 트 웨잇 언 아우어- 포- 더 버스 |

| 금요일까지 그 일을 끝내야 해요. | I'll have to finish the work by Friday. |
|---|---|
| | 아일 해브 트 퓌니쉬 더 웍- 바이 프라이데이 |

패턴을 이용해서 다양한 문장을 만들어 보자!

Pattern 2 ||

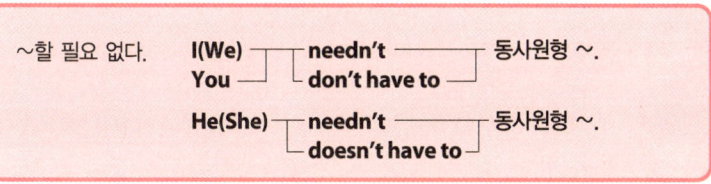

| 나를 기다릴 필요 없어요. | You needn't wait for me. |
| --- | --- |
| | 유 니-든트 웨잇 포- 미 |

| 싫으면 안 해도 돼요. | You needn't do so if you don't want to. |
| --- | --- |
| | 유 니-든트 두 쏘우 이프 유 도운 원트 트 |

| 그렇게 일찍 떠날 필요 없어요. | You needn't leave so soon. |
| --- | --- |
| | 유 니-든트 리-브 쏘- 수운 |

| 당신이 계산할 필요 없어요. | You don't have to pay the bill. |
| --- | --- |
| | 유 도운트 해브 트 페이 더 빌 |

| 도시락을 가져올 필요는 없어요. | You don't have to bring your lunch. |
| --- | --- |
| | 유 도운트 해브 트 브륑 유어- 런취 |

| 그들은 거기 갈 필요 없어요. | They don't have to go there. |
| --- | --- |
| | 데이 도운트 해브 트 고우 데어- |

| 우리는 회의에 참석할 필요 없어요. | We don't have to attend the meeting. |
| --- | --- |
| | 위 도운트 해브 트 어텐드 더 미-링 |

| 그녀는 매일 야근할 필요 없어요. | She doesn't have to work overtime every day. |
| --- | --- |
| | 쉬 더즌트 해브 트 워억 오우버-타임 에브뤼 데이 |

패턴을 이용해서 다양한 문장을 만들어 보자!

**Pattern 3** ||

141

| ~해야 합니까? | Must I(you, he) ─┐<br>Do I(you) have to ─┼─ 동사원형 ~?<br>Does he(she) have to ─┘ |

| 당장 가야 하나요? | Must I go at once?<br>머스트 아이 고우 앳 원스 |
|---|---|
| 내일까지 도서관에 이 책을 반납해야 하나요? | Must I return this book to the library by tomorrow?<br>머스트 아이 뤼터언 디스 북 트 더 라이브뤄뤼 바이 트머-뤄우 |
| 우리가 그 일을 분담해야 하나요? | Must we share the work?<br>머스트 위 쉐어- 더 워억 |
| 여기 다시 와야 하나요? | Do I have to come here again?<br>드 아이 해브 트 컴 히어- 어겐- |
| 방학 중에는 방을 비워야 하나요? | Do I have to vacate the room during vacation?<br>드 아이 해브 트 베-케이트 더 루움 듀링 베-케이션 |
| 내일 런던에 가야 해요? | Do you have to go to London tomorrow?<br>드 유 해브 트 고우 트 런던 트머-뤄우 |
| 그는 입원하고 있어야 하나요? | Does he have to stay in the hospital?<br>더즈 히 해브 트 스테이 인 더 하스피를 |
| 그들은 그걸 하루만에 끝내야 합니까? | Do they have to finish it in a day?<br>드 데이 해브 트 퓌니쉬 잇 인 어 데이 |

# 회화 연습

패턴이 실제 회화에서 어떻게 쓰이는지 확인해 보자!

🔊 142~148

- How can I become a better pianist?
- 더욱 열심히 연습해야 해. 연습은 절대로 실망시키지 않지.
    >>> M: 피아노를 더 잘 치려면 어떻게 해야 해? | W: You must practice harder. Practicing will never fail you, you know.

- Mr. Gordon, have you got a minute? I need to talk about the project.
- 헬렌, 미안해요. 지금 가봐야 해요.
    >>> W: 고든 씨, 시간 있어요? 그 프로젝트에 관해 의논해야겠어요. | M: I'm sorry, Helen. I have to go right now.

- 신고해야 합니까?
- Yes, you do.
    >>> M: Do I have to declare? | W: 네, 그렇습니다.

- 먼저 표를 사야 합니까?
- No, just pay the driver.
    >>> M: Do I have to buy a ticket first? | W: 아뇨, 운전기사에게 내세요.

- Do I have to come, too?
- 싫으면 안 가도 돼.
    >>> M: 나도 가야 해? | W: Well, you don't have to come if you don't want to.

- 월요일까지 숙제를 끝내야 했어?
- Yes, I did.
    >>> M: Did you have to finish your homework by Monday? | W: 그래, 그랬어.

- 당장 그걸 해야 하니?
- Yes, you must.
    >>> M: Must I do it right now? | W: 그래, 해야 해.

6. 필요·의무 표현 패턴  **125**

# 07 의향을 묻는 표현 패턴

Pattern **1** ||

> ~할까요?  　　　　**Shall I(we)+동사원형 ~?**

Shall I ~?는 '(내가) ~할까요?'라고 상대방의 의향 또는 희망을 묻거나 제안할 때의 패턴이다. 같은 의미로 Do you want me to+동사원형 ~?이나 Would you like me to+동사원형 ~? 패턴을 이용할 수도 있다.
Shall we ~?라고 하면 '같이 ~할까요?'라고 상대방의 의향을 묻거나 제안하는 게 된다. Let's ~.와 같은 의미지만 Shall we ~?가 더 공손한 표현이다. 미국영어에서는 Shall we ~? 대신에 Should I(we) ~?를 더 많이 쓴다는 것도 알아두자.

- **Shall I** open the window? 창문을 열까요?
  **Yes, please.** 네, 부탁해요.
  **No, thank you.** 아뇨, 됐어요.

- **Shall we** meet at the platform? 승강장에서 만날까요?
  **Yes, let's.** 네, 그렇게 해요.
  **No, let's not.** 아뇨, 그러지 맙시다.

- **Would you like me to** open the window? 창문을 열까요?
  **Do you want me to** show the way? 길을 가르쳐 드릴까요?


Pattern **2** ||

> 언제 ~할까요?　　**When** ┐
> 어디서 ~할까요?　**Where** ├ shall I(we)+동사원형 ~?
> 무엇을 ~할까요?　**What** ┤
> 어떻게 ~할까요?　**How** ┘

- **When shall I** call on you? 언제 찾아 뵐까요?
- **Where shall we** go and have dinner? 어디로 저녁을 먹으러 갈까요?
- **What shall we** do this weekend? 우리 이번 주말에 뭐 할까요?
- **How shall I** cut the meat for you? 고기를 어떻게 썰어 드릴까요?

Pattern 3 ||

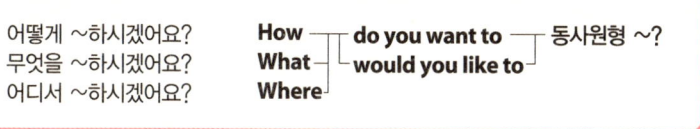

의문사+would you like to ~? 패턴으로 상대방의 의향을 공손하게 묻는 표현을 만들 수 있다. How 대신에 Who나 Which 등의 의문사를 넣어 묻고 싶은 것을 물을 수 있는 것이다.

- **What** would you like to do first? 먼저 무엇을 하시겠어요?
- **How** would you like to send it? 그걸 어떻게 보내고 싶으세요?
- **Where** would you like to sit? 어디에 앉으시겠어요?
- **What** do you want to do tonight? 오늘밤에 뭐하고 싶어요?
- **Why** do you want to be an actor? 왜 배우가 되고 싶어요?

Pattern 4 ||

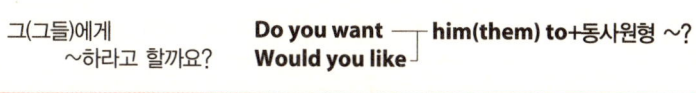

want+목적어+to 동사원형 또는 Would you like+목적어+to 동사원형은 '목적어가 ~해 주었으면 한다' 라는 의미를 나타낸다. 목적어에 사람이 인칭대명사로 올 때는 목적격을 써야 한다.

- **Do you want him to** return your call? 그에게 전화드리라고 할까요?
- **Would you like them to** change the oil too? 그들에게 오일도 교환하라고 할까요?

# 패턴 연습

**Pattern 1 ||**

| ~할까요? | **Shall I(we)+동사원형 ~?** |

| 도와 드릴까요? | Shall I give you a hand? |
| 샬 아이 기브 유 어 핸드 |

| 창문을 열까요? | Shall I open the window? |
| 샬 아이 오우픈 더 윈도우 |

| 지하철역까지 데려다 줄까요? | Shall I take you to the subway station? |
| 샬 아이 테익 유 트 더 써브웨이 스테이션 |

| 마실 것을 가져 올까요? | Shall I bring something to drink? |
| 샬 아이 브링 섬씽 트 드링 |

| 에어컨을 켤까요? | Shall I turn on the air-conditioner? |
| 샬 아이 터언 온 디 에어-컨디셔너- |

| 점심 먹으러 나갈까요? | Shall we go out for lunch? |
| 샬 위 고우 아웃 포- 런취 |

| 내일 콘서트 보러 갈까요? | Shall we go to a concert tomorrow? |
| 샬 위 고우 트 어 컨써-트 트머-뤄우 |

| 10시에 테니스 코트에서 만날까요? | Shall we meet at the tennis court at 10? |
| 샬 위 미잇 앳 더 테니스 코옷 앳 텐 |

PART 3 영어 패턴 연습: 주제별 핵심 패턴

패턴을 이용해서 다양한 문장을 만들어 보자!

## Pattern 2 ||

🔊 150

| 언제 ~할까요? | When |
|---|---|
| 어디서 ~할까요? | Where |
| 무엇을 ~할까요? | What |
| 어떻게 ~할까요? | How |

shall I(we)+동사원형 ~?

---

어디서 다시 볼까요?

**Where shall I see you again?**
웨어- 샬 아이 씨- 유 어겐-

---

무엇부터 먼저 할까요?

**What shall I do first?**
왓 샬 아이 두 풔-스트

---

어느 번호로 전화를 드릴까요?

**Which number shall I call you at?**
위취 넘버- 샬 아이 코올 유 앳

---

그것을 어떻게 보낼까요?

**How shall I send it?**
하우 샬 아이 쌘드 잇

---

복사를 몇 부 할까요?

**How many copies shall I do?**
하우 메니 카피즈 샬 아이 두

---

우리 언제 갈까요?

**When shall we go?**
웬 샬 위 고우

---

오늘 점심에 뭐 먹을까요?

**What shall we do for lunch today?**
왓 샬 위 두 포- 런취 트데이

---

몇 시에 만날까요?

**What time shall we meet?**
왓 타임 샬 위 미잇

7. 의향을 묻는 표현 패턴

패턴을 이용해서 다양한 문장을 만들어 보자!

Pattern 3 ||  🔊 151

| 어떻게 ~하시겠어요? | How ┐ ┌ do you want to ┐ 동사원형 ~? |
| 무엇을 ~하시겠어요? | What ┤ └ would you like to ┘ |
| 어디서 ~하시겠어요? | Where ┘ |

누굴 만나고 싶으세요?   **Who would you like to meet?**
후 으-쥬 라익 트 미잇

어디에 가고 싶으세요?   **Where would you like to go?**
웨어- 으-쥬 라익 트 고우

계산은 어떻게 하시겠어요?   **How would you like to pay for that?**
하우 으-쥬 라익 트 페이 포- 댓

뭘 마시겠어요?   **What would you like to drink?**
왓 으-쥬 라익 트 드륑

며칠 묵으시겠어요?   **How many nights would you like to stay?**
하우 메니 나이츠 으-쥬 라익 트 스테이

어떤 음식을 드시겠어요?   **What kind of food would you like to have?**
왓 카인 오브 푸드 으-쥬 라익 트 해브

누구와 통화하시겠어요?   **Who would you like to speak with?**
후 으-쥬 라익 트 스피익 윗

여기서 얼마나 묵고 싶어요?   **How long do you want to stay here?**
하우 롱 드 유 원트 트 스테이 히어-

## Pattern 4

🔊 152

| 그(그들)에게 ~하라고 할까요? | **Do you want** / **Would you like** him(them) to+동사원형 ~? |

---

그에게 거기 가라고 할까요?
**Do you want** him to go there?
드 유 원트 힘 트 고우 데어-

그녀에게 전화 하라고 할까요?
**Do you want** her to return your call?
드 유 원트 허- 트 뤼터언 유어- 코올

톰한테 뭐 좀 사오라고 할까요?
**Do you want** Tom to buy anything?
드 유 원트 탐 트 바이 에니씽

폴한테 같이 가라고 할까요?
**Do you want** Paul to come with you?
드 유 원트 폴- 트 컴 위드 유

제 아들에게 짐을 나르라고 할까요?
**Would you like** my son to carry your baggage?
으-쥬 라익 마이 썬 트 캐-뤼 유어- 배-기쥐

그들에게 그 일을 도우라고 할까요?
**Would you like** them to help you with the work?
으-쥬 라익 뎀 트 헬프 유 윗 더 워억

짐에게 세차하는 걸 도우라고 할까요?
**Would you like** Jim to help you wash your car?
으-쥬 라익 쥠 트 헬프 유 워-쉬 유어- 카-

# 회화 연습

🔊 153~159

- 선반에서 가방을 내려 줄까?
- **No, it's OK.**
  >>> M: Shall I take your bag down from the rack? | W: 아니, 됐어.

- **Shall I call a taxi for you?**
- 네, 부탁해요.
  >>> M: 택시를 불러 드릴까요? | W: Yes, please.

- 역으로 데리러 갈까?
- **That'd be great. Thank you.**
  >>> M: Shall I pick you up at the station? | W: 그러면 좋지. 고마워.

- 여기서 그만 끝낼까?
- **Uh-uh. We must finish this.**
  >>> M: Shall we call it a day? | W: 안 돼. 이걸 끝내야 해.

- **Shall we eat hamburgers at McDonald's on the way home?**
- 아니, 그러지 말자. 7시 전에는 집에 가야 해.
  >>> M: 가는 길에 맥도널드에서 햄버거 먹을까? | W: No, let's not. I have to go home before seven.

- 퇴근하고 뭐할까?
- **Let's go to a fast food place.**
  >>> M: What shall we do after work? | W: 패스트푸드점에 가자.

- 그에게 언제 얘기할까?
- **The sooner the better.**
  >>> M: When shall I tell him? | W: 빠를수록 좋아.

패턴이 실제 회화에서 어떻게 쓰이는지 확인해 보자!

▶ 160~166

- 이 다음엔 뭘 해야 하지?
- Mix the flour and butter together, then add the sugar.
  >>> M: What should I do next? | W: 밀가루와 버터를 섞고 설탕을 넣어.

- 커피 더 줄까?
- No, thanks. I've had enough.
  >>> M: Do you want me to get more coffee? | W: 아니, 됐어. 많이 먹었어.

- 어디에 가고 싶으세요?
- I'd like to go to the National Museum. Is it very far from here?
  >>> M: Where would you like to go? | W: 국립박물관에 가고 싶어요. 여기서 아주 먼가요?

- 뭐가 먹고 싶어?
- French food.
  >>> M: What do you want to eat? | W: 프랑스 요리.

- 홍차에 뭘 넣어 드릴까요?
- Milk, please.
  >>> W: What would you like to have in your tea? | M: 우유를 넣어 주세요.

- 팸플릿을 가져올까?
- Yes, please. Thank you.
  >>> M: Would you like me to bring the brochure? | W: 그래, 고마워.

- 그가 돌아오면 전화하라고 할까요?
- Yes, please.
  >>> M: Would you like him to call you when he comes back? | W: 그래 주세요.

7. 의향을 묻는 표현 패턴

# 08 제안 표현 패턴

Pattern **1** ||

> ~하자.  **Let's+동사원형 ~.**
> ~할까요?  **Let's+동사원형 ~, shall we?**

'Let's+동사원형.'은 '~하자.'고 상대방에게 제안하거나 권유할 때의 패턴으로 기본적으로 상대방이 찬성할 것이라는 확신이 있을 때 쓴다. Let's는 Let us의 단축형이므로 Let's go for a drive.라고는 할 수 있지만, Let's go for a drive with me(us).라고 할 수는 없다.
Let's의 부정문은 'Let's not+동사원형'이다.

- **Let's** have a short break. 잠깐 쉬자.
- **Let's** broil the meat, **shall we**? 고기를 구울까요?
- **Let's not** talk about work. 일 이야기는 그만 합시다.


Pattern **2** ||

> ~할까요?  **Shall we** ─┐ 동사원형 ~?
> **Can we** ─┘

- **Shall we** have some coffee? 커피를 마실래요?
- **Can we** leave a little early? 우리 좀 일찍 떠날까요?

Pattern 3 ||

```
~하는 게 어때요?        Why don't you ─┐
                      Why not        ├─ 동사원형 ~?
같이 ~하는 게 어때요?     Why don't we  ─┘
```

제안·권유하거나 조언할 때는 Why don't you+동사원형 ~?이나 Why not+동사원형 ~? 패턴을 쓸 수도 있다. 둘 다 가까운 사이에 격의없이 말할 때 쓰는 표현이다. 공손히 말할 때는 Would you like to+동사원형 ~? 패턴을 이용하면 된다.
Why don't we+동사원형 ~?은 '같이 ~하면 어때요?'라는 의미로 친구나 가족 등 가까운 사이에 제안·권유할 때 쓰는 패턴이다. Let's+동사원형. 보다는 공손하게 들리지만, 손위 사람이나 모르는 사람에게는 쓰지 않는게 좋다. we를 I로 바꿔서 Why don't I+동사원형 ~?라고 하면 '(내가) ~할까요?'라고 제안하는 표현이 된다. 이것보다 공손한 표현이 Shall I+동사원형 ~?이다.

- Why don't you **wait a few more days?** 며칠 더 기다려 보지 않을래요?
- Why not **ask Mr. Smith?** 스미스 씨에게 물어보면 어때요?
- Why don't we **take a picture here?** 여기서 사진을 찍을까요?
- Why don't I **help you?** 도와줄까요?

# 패턴 연습

**Pattern 1** ||

| ~하자. | **Let's+동사원형 ~.** |
| ~할까요? | **Let's+동사원형 ~, shall we?** |

역까지 택시로 가자.  
Let's go to the station by taxi.  
레츠 고우 트 더 스테이션 바이 택시

내일 우리 같이 테니스 하자.  
Let's play tennis together tomorrow.  
레츠 플레이 테니스 트게다- 트머-뤄우

한 줄로 서자.  
Let's stand in line.  
레츠 스탠드 인 라인

언제 다시 모이자.  
Let's get together again sometime.  
레츠 겟 트게다- 어젠- 썸타임

연락하고 지내자.  
Let's keep in touch.  
레츠 키입 인 터취

한 잔 할까요?  
Let's have a drink, shall we?  
레츠 해브 어 드륑 쌀 위

그것을 다시 한 번 볼까요?  
Let's look at it again, shall we?  
레츠 룩 앳 잇 어젠- 쌀 위

정원으로 나갈까요?  
Let's go out in the garden, shall we?  
레츠 고우 아웃 인 더 가-든 쌀 위

**패턴을 이용해서 다양한 문장을 만들어 보자!**

Pattern 2 ||  168

~할까요?   Shall we ─┐ 동사원형 ~?
          Can we  ─┘

| | |
|---|---|
| 이제 점심을 먹으러 갈까요? | **Shall we** have lunch now?<br>쌀 위 해브 런취 나우 |
| 잠깐 쉴까요? | **Shall we** take a break?<br>쌀 위 테익 어 브뤠익 |
| 퇴근 후에 다시 만날래요? | **Shall we** meet again after work?<br>쌀 위 미잇 어겐 애-프터- 워억 |
| 오는 일요일에 등산 갈래요? | **Shall we** go mountain climbing this Sunday?<br>쌀 위 고우 마운튼 클라이밍 디스 썬데이 |
| 쇼핑하러 갈래요? | **Can we** go shopping?<br>캔 위 고우 샤핑 |
| 이제 회의를 시작할까요? | **Can we** begin the meeting now?<br>캔 위 비긴 더 미-링 나우 |
| 편의점에 잠깐 들를까요? | **Can we** stop by the convenience store for a moment?<br>캔 위 스탑 바이 더 컨비-니언스 스토어- 포- 어 모우먼 |
| 극장에서 만날래요? | **Can we** meet at the theater?<br>캔 위 미잇 앳 더 씨어터- |

8. 제안 표현 패턴 **137**

패턴을 이용해서 다양한 문장을 만들어 보자!

Pattern 3 ||

~하는 게 어때요?　　**Why don't you**　┐
　　　　　　　　　　**Why not**　　　├ 동사원형 ~?
같이 ~하는 게 어때요?　**Why don't we**　┘

| | |
|---|---|
| 차를 빌리지 않을래? | **Why don't you** rent a car?<br>와이 도운츄 렌트 어 카- |
| 잠깐 들어오지 않을래요? | **Why don't you** come inside for a while?<br>와이 도운츄 컴 인싸이드 포- 어 와일 |
| 당신 친구에게 소개 좀 시켜 줄래요? | **Why don't you** introduce me to your friend?<br>와이 도운츄 인트러듀-스 미 투 유어- 프렌 |
| 진찰을 받아보면 어때요? | **Why not** go and see a doctor?<br>와이 낫 고우 앤 씨- 어 닥터- |
| 오늘의 요리를 먹어보면 어때요? | **Why not** have the dish of the day?<br>와이 낫 해브 더 디쉬 오브 더 데이 |
| 며칠 쉬는 건 어때요? | **Why not** take a few days off?<br>와이 낫 테이크 어 퓨- 데이즈 오프 |
| 오늘밤 영화 보는 건 어때요? | **Why don't we** see a movie tonight?<br>와이 도운 위 씨- 어 무우비 트나잇 |
| 다음 주에 모이는 건 어때요? | **Why don't we** get together next week?<br>와이 도운 위 겟 트게더- 넥스트 위익 |

# 회화 연습

패턴이 실제 회화에서 어떻게 쓰이는지 확인해 보자!

🔊 170~176

---

🧑 이봐, 오늘은 이만 하자.
👩 **Yeah, we got a lot done today.**
>>> M: Hey, let's call it a day. | W: 그래, 오늘 꽤 많이 했어.

---

🧑 오늘 정말 덥다. 수영하러 갈래?
👩 **Yes, let's.**
>>> M: It's terribly hot, today. Let's go swimming, shall we? | W: 그래, 그러자.

---

🧑 날씨 정말 좋다! 밖에 나가자.
👩 **No. I have lots of homework today.**
>>> M: It's really a beautiful day! Let's go out. | W: 안 돼. 오늘 숙제가 많아.

---

🧑 콘서트에 갈까?
👩 **That sounds good.**
>>> M: Shall we go to the concert? | W: 좋아.

---

🧑 **Shall we go skiing together?**
👩 좋지.
>>> M: 같이 스키 타러 갈까? | W: That would be nice.

---

🧑 입어 보지 않을래?
👩 **All right.**
>>> M: Why don't you try it on? | W: 좋아.

---

🧑 **I'm putting on weight again.**
👩 그럼, 다이어트를 해 볼래?
>>> M: 체중이 다시 늘고 있어. | W: Then, why don't you go on a diet?

8. 제안 표현 패턴  **139**

 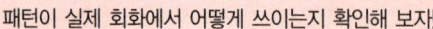

### 177~183

- 자, 차에 타자!
- **Wait. I've left my bag in the house.**
    >>> M: Let's get in to the car! | W: 잠깐만. 가방을 집에 두고 왔어.

- 약속시간을 1시간만 뒤로 미룰까? 급한 일이 생겨서.
- **Sure. No sweat.**
    >>> M: Can we push back our appointment by one hour? I now have urgent business. | W: 그래, 좋아.

- 이번 회의에 회계보고서를 제출할까?
- **Definitely not. We need more time to finish it.**
    >>> M: Can we turn in the financial report at the coming meeting? | W: 절대 안 돼. 마무리할 시간이 좀 더 필요해.

- 그 연극 보러 안 갈래?
- **Well, I don't like that kind of story. I'd be bored stiff.**
    >>> M: Why don't we go to the play? | W: 글쎄, 그런 이야기는 좋아하지 않아. 아주 지루해.

- 테드와 사귀어보면 어때?
- **No way! He's always chasing girls.**
    >>> M: Why don't you go out with Ted? | W: 말도 안 돼! 밤낮 여자만 쫓아다니잖아.

- 크리스마스 트리 장식을 전부 떼어내자.
- **Why don't we leave them on until next year?**
    >>> M: Let's take all these ornaments off the Christmas tree. | W: 내년까지 그냥 놔두면 어떨까?

- **Wouldn't it be nice if we could stay here longer?**
- 그래, 먼저 열차시간을 확인해 보자.
    >>> M: 여기에 좀 더 있다 가면 좋지 않을까? | W: Yes, let's check the train schedule first.

🔊 184~188

- 약을 좀 안 먹을래?
- I think I will do that.
  >>> M: Why don't you take some medicine? | W: 그럴 생각이야.

- Why don't you come to a party at my place next Sunday night?
- 좋아. 꼭 갈게.
  >>> M: 다음 주 일요일 밤에 우리 집 파티에 올래? | W: That's great. I'd love to.

- 안에서 기다리면 어때? 밖이 추운데.
- Thank you, Meg. But I'm going to propose to her here tonight.
  >>> W: Why don't you wait inside? It's cold out there. | M: 고마워 메그. 그런데 오늘 밤 여기서 청혼하려고.

- 금요일 밤에 같이 영화보러 안 갈래?
- I'd love to, but I have some reports to do.
- That's too bad. When do you have to finish them?
- By Monday of next week.
  >>> M: Why don't you come to the movies with us this Friday night? | W: 가곤 싶은데 해야 할 숙제가 있어. | M: 안 됐다. 언제까지 끝내야 하는데? | W: 다음 주 월요일까지.

- What sort of man do you think he is?
- Well, I think he's on the level.
- I've seen him around, but I've never talked to him.
- 같이 저녁 식사 하자고 초대해볼까?
- Why not?
- I'll find out his phone number and give him a call later.
- OK. Then we can find out what type of guy he is.
  >>> W: 그 남자 어떤 사람 같아? | M: 음, 정직한 사람인 것 같아. | W: 얼굴은 자주 봤는데 얘기해 본 적은 없어. | M: Why don't we invite him to dinner with us? | W: 좋아. | M: 전화번호를 찾아서 내가 나중에 전화할게. | W: 그래. 그러면 어떤 남자인지 알 수 있겠다.

8. 제안 표현 패턴  **141**

# 09 권유 표현 패턴

**Pattern 1** ||

~은 어때요?  **How about** ─┬─ 명사 ~?
~하는 것은 어때요?         └─ 동사원형ing ~?

How about ~?은 상대방에게 권유하거나 제안할 때 쓰는 패턴이다. What about ~? 도 같은 의미이지만, How about ~?이 좀 더 격식을 차리지 않은 표현이어서 일상회화에서는 How about ~?가 자주 쓰인다. about 뒤에는 명사·대명사 또는 동명사가 온다.

- **How about** two o'clock tomorrow afternoon? 내일 오후 2시는 어때요?
- **How about** play**ing** tennis tomorrow? 내일 테니스 하는 건 어때요?
- **What about** go**ing** to a movie this evening? 저녁에 영화 보러 가는 건 어때요?

Pattern 2 ||

> ~은 어떻습니까?　**Would you like** ┬ 명사 ~?
> ~하시겠어요?　　　　　　　　　　└ to 동사원형 ~?

would like이 '~하고 싶다'는 의미이므로 You would like ~.은 '당신은 ~을 하고 싶으시군요.' 라는 의미가 된다. 이것을 의문문으로 하면 Would you like ~?으로 조동사 Would가 문장 앞에 온다. 상대방에게 권유할 때 쓰는 공손한 표현으로 주로 음식을 권할 때 쓴다.
Would you like to ~?는 Do you want+to동사원형 ~?(~하고 싶어?, ~할래?)의 공손한 표현으로 상대방에게 '~하시겠어요?' 라고 권유 또는 제안하거나 '~하고 싶으세요?' 라고 희망을 묻는 것이다.

- **Would you like** a hamburger? 햄버거 드시겠어요?
- **Would you like** something to drink? 음료 좀 드시겠어요?
- **Would you like to** watch TV? 텔레비전 보시겠어요?
- **Would you like to** order something to drink? 음료를 주문하시겠어요?
- **Do you want to** eat lunch with me? 나하고 같이 점심 먹을래요?

# 패턴 연습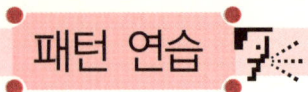

**Pattern 1** ||

~은 어때요?
~하는 것은 어때요?

**How about** ─┬─ 명사 ~?
               └─ 동사원형ing ~?

| | |
|---|---|
| 토요일은 어때요? | **How about** Saturday? |
| 이 계획 어때요? | **How about** this plan? |
| 우리 사무실에서 3시 어때요? | **How about** three o'clock in our office? |
| 커피 한 잔 더 어때요? | **How about** another cup of coffee? |
| 내일 점심을 같이 하는 건 어때요? | **How about** having lunch together tomorrow? |
| 내 생일 파티에 오는 건 어때요? | **How about** coming to my birthday party? |
| 나하고 테니스 치는 게 어때요? | **How about** playing tennis with me? |
| 오늘 밤에 영화 보러 가는 건 어때요? | **How about** going to a movie tonight? |

패턴을 이용해서 다양한 문장을 만들어 보자!

Pattern 2 ||

🔊 190

~은 어떻습니까?　**Would you like** ─┬─ 명사 ~?
~하시겠어요?　　　　　　　　　　└─ to 동사원형 ~?

| 한 잔 하시겠어요? | Would you like a drink?
으-쥬 라익 어 드륑 |
| 과일 좀 드시겠어요? | Would you like some fruit?
으-쥬 라익 썸 프루-트 |
| 홍차를 좀 더 드시겠어요? | Would you like some more tea?
으-쥬 라익 썸 모어- 티- |
| 차가운 음료를 드시겠어요? | Would you like something cold to drink?
으-쥬 라익 썸씽 코울드 트 드륑 |
| 그걸 한 번 입어 보시겠어요? | Would you like to try it on?
으-쥬 라익 트 트라이 잇 온 |
| 샐러드 드시겠어요? | Would you like to have salad?
으-쥬 라익 토 해브 샐-러드 |
| 보험을 드시겠어요? | Would you like to buy some insurance?
으-쥬 라익 트 바이 썸 인슈어륀스 |
| 메시지를 남기시겠어요? | Would you like to leave a message?
으-쥬 라익 트 리-브 어 메씨쥐 |
| 디저트 메뉴를 보시겠어요? | Would you like to see a dessert menu?
으-쥬 라익 트 씨- 어 디저-트 메뉴- |

9. 권유 표현 패턴　**145**

# 회화 연습

🔊 191~197

---

- 케이크 한쪽 더 먹을래?
- **Yes, please.**

    >>> M: How about another piece of cake? | W: 그래, 줘.

---

- 난 이 가방이 마음에 들어. 넌 어때?
- **I like it, too.**

    >>> M: I like this bag. How about you? | W: 나도 좋아.

---

- **How about going to the Italian restaurant this weekend?**
- 그러곤 싶은데 주말엔 여기 없을 거야.

    >>> M: 이번 주말에 이탈리아 식당에 가면 어때? | W: I'd love to, but I'll be out of town this weekend.

---

- 비디오를 빌려와서 여기서 볼래?
- **All right. That's a good idea.**

    >>> M: How about renting a video and watching it here? | W: 좋아. 좋은 생각이야.

---

- **Would you like another helping?**
- 아뇨, 됐어요. 많이 먹었어요.

    >>> M: 더 드실래요? | W: No, thank you. I've had enough.

---

- 야구경기 입장권이 두 장 있는데 같이 갈래?
- **That sounds great! I'd love to.**

    >>> M: I have two tickets for the baseball game. Would you like to go with me? | W: 그거 재밌겠다! 그러지.

---

- **Where do you want to go for dinner tonight?**
- 옥스퍼드 거리에 새로 연 프랑스 식당은 어때?

    >>> M: 오늘밤 저녁 먹으러 어디에 갈래? | W: How about going to that new French restaurant on Oxford Street?

---

PART 3 영어 패턴 연습: 주제별 핵심 패턴

패턴이 실제 회화에서 어떻게 쓰이는지 확인해 보자!

🔊 198~203

- 카푸치노 한 잔 더 드실래요?
- **No, thanks. I've had enough.**
  >>> M: Would you like another cup of cappuccino? | W: 아뇨, 됐습니다. 많이 먹었습니다.

- **Would you like to come and take a look at my new car?**
- 고마워요, 그러죠.
  >>> M: 와서 내 새 차를 좀 보지 않을래요? | W: Thank you, I'd like to very much.

- 과일 좀 드실래요?
- **Yes, please.**
  >>> M: Would you like some fruit? | W: 네, 주세요.

- 이번 주말에 낚시하러 갈 건데 같이 안 갈래요?
- **Thank you very much, but I'm going back home.**
  >>> M: We're going fishing this weekend. Would you like to join us? | W: 고맙지만 고향에 가야 해서요.

- 오늘 밤에 나하고 데이트 할래?
- **Sorry, I already have plans.**
  >>> M: Do you want to go out with me tonight? | W: 미안해. 약속이 있어.

- 사라, 커피 먹을래?
- **I'd like to, Mike. But I have to pick up a package first.**
- OK. I'll get a table for us at the coffee shop and meet you there.
- **That sounds good. If there are no lines, I should be done in 10 minutes.**
- Take your time. I'm in no rush.
  >>> M: Do you want to get some coffee, Sarah? | W: 그래, 마이크. 그런데 먼저 짐을 찾아야 해. | M: 알았어. 커피숍에 자리를 잡아 놓을게. 거기서 봐. | W: 좋아. 기다리는 사람이 없으면 10분이면 돼. | M: 천천히 해. 급할 것 없어.

9. 권유 표현 패턴  **147**

# 10 요청 · 부탁 표현 패턴

Pattern 1 ||

> ~해 주세요.  　　　**Please+동사원형 ~.**

명령문의 앞이나 뒤에 please를 붙이면 '~해 주세요.'라는 공손하게 요청하는 표현이 된다. 하지만 please를 붙였다고 해서 반드시 공손한 표현이 되는 것은 아니다. 손윗사람에게는 일방적인 재촉이나 명령으로 들리기 때문이다. 공손하게 말해야 할 때는 Could you ~? 또는 May I ~? 패턴을 써서 말하는 것이 예의바른 어법이다.

- ■ **Please** fill in this registration card. 이 숙박부에 기입해 주세요.
- ■ **Please** show me that one. 저걸 좀 보여 주세요.
- ■ Wait for me, please. 좀 기다려 주세요.
- ■ Drop me at the next stop, please. 다음 정거장에서 내려 주세요.


Pattern 2 ||

> ~해 주겠어요?　**Will you (please)**　┐
> 　　　　　　　　**Would you (please)**　├ 동사원형 ~?
> 　　　　　　　　**Could you (please)**　┘

Will you ~?는 '~해 주겠어요?'라고 부탁할 때의 패턴으로 상대방이 거절하지 않을 거라는 전제 하에 가까운 사이에 편하게 쓸 수 있는 표현이다. 과거형을 써서 Would you ~?라고 하면 공손한 표현이 되는데, Could you ~?라고 하면 더 공손한 표현이 되고, please를 붙여서 Would(Could) you please ~?라고 하면 더욱 더 공손하게 들린다. Won't(Wouldn't) you ~?라고 하면 부드럽고 친근한 말투가 된다.

Can you ~?도 같은 의미로 쓸 수 있지만 상대방의 능력을 묻는 의미도 있으므로 주의해서 쓸 필요가 있다.

- Will you (please) do the dishes? 설거지 좀 해 주겠어요?
- Would you (please) do it for me? 그것 좀 해 주시겠어요?
- Could you (please) fasten your seat belt? 안전벨트를 매 주시겠습니까?

【대답 예】

《승낙할 때》 Sure./Surely./Certainly./Yes, certainly./All right. 알겠습니다.
Yes, of course./Why, of course./Why not?/No problem. 좋아요.
Yes, with pleasure. / Yes, I'd be glad to. 그럼요.

《거절할 때》 I'm afraid I can't. 안 되겠는데요.
I'm sorry, but I can't. 미안하지만, 안 되겠어요.


Pattern 3 ||

~해 주시겠습니까?  **Do you mind** ─┐
　　　　　　　　　　**Would you mind** ─┘ 동사원형ing ~?

Do you mind ~?나 Would you mind ~?는 '~해 주시겠어요?' 라고 상대방에게 공손하게 부탁하는 패턴이다. Do you mind ~? 보다 Would you mind ~?가 더 공손한 표현이 된다.
대답할 때는 주의가 필요하다. mind는 '꺼리다, 싫어하다' 는 부정적인 의미가 있기 때문에 승낙할 때는 not을 붙여 부정으로 대답하고, 거절할 때는 긍정으로 대답해야 한다.

- Do you mind **waiting** for a few minutes? 잠깐만 기다려 주시겠어요?
- Would you mind **answering** the phone? 전화 좀 받아 주시겠어요?

【대답 예】

《승낙할 때》 No, I wouldn't(don't) (mind)./No, not at all./Certainly, with pleasure. 네, 좋아요.

《거절할 때》 Yes, I would(do) (mind)./I'm sorry, but ~. 죄송하지만 ~.

# 패턴 연습

**Pattern 1** ||  204

| ~해 주세요. | **Please+동사원형 ~.** |

도와주세요.
Please help me.
플리이즈 헬프 미

잠깐만 기다려 주세요.
Wait a moment, please.
웨잇 어 모우먼트 플리이즈

오늘밤 전화해 주세요.
Please give me a call tonight.
플리이즈 기브 미 어 코올 트나잇

여기에선 신발을 벗어 주세요.
Take off your shoes here, please.
테이크 오프 유어- 슈즈 히어- 플리이즈

앉아 주세요.
Please be seated.
플리이즈 비 씨-티드

내 수프에는 양파를 넣지 마세요.
Don't put onions in my soup, please.
도운트 풋 어년즈 인 마이 수웁 플리이즈

수업 중에는 휴대전화를 꺼 주세요.
Please turn off your cellphones during class.
플리이즈 터언 오프 유어- 쎌포운즈 듀륑 클래스

주저하지 마시고 언제라도 연락 주세요.
Please don't hesitate to contact me at anytime.
플리이즈 도운 헤지테잇 트 컨-택트 미 앳 에니타임

패턴을 이용해서 다양한 문장을 만들어 보자!

Pattern 2 ||  🔊 205

~해 주겠어요?   **Will you (please)** ─┐
                **Would you (please)** ─┼─ 동사원형 ~?
                **Could you (please)** ─┘

---

길을 가르쳐 주겠어요?
**Will you** show me the way?
윌류 쇼우 미 더 웨이

---

표를 세 장 주겠어요?
**Will you** please give me three tickets?
윌류 플리이즈 기브 미 쓰리- 티키츠

---

그것을 어떻게 하는지 가르쳐 주겠어요?
**Will you** show me how to do it?
윌류 쇼우 미 하우 트 두 잇

---

케네디 공항으로 데려다 주시겠어요?
**Would you** take me to Kennedy Airport?
으쥬 테익 미 트 케네디 에어포엇

---

당신 전화번호를 가르쳐 주시겠어요?
**Would you** please tell me your phone number?
으쥬 플리이즈 텔 미 유어- 포운 넘버-

---

이것을 복사해 줄래요?
**Would you** please copy this?
으쥬 플리이즈 카피 디스

---

당신 볼펜 좀 빌려 주시겠어요?
**Could you** lend me your ballpoint pen?
크쥬 렌드 미 유어- 볼-포인트 펜

---

부탁 하나만 들어 주시겠어요?
**Could you** please do me a favor?
크쥬 플리이즈 두 미 어 풰이버-

---

10. 요청·부탁 표현 패턴   **151**

패턴을 이용해서 다양한 문장을 만들어 보자!

Pattern 3 ||  ◀» 206

~해 주시겠습니까?  **Do you mind** ─┐
              **Would you mind** ─┴ 동사원형ing ~?

| | |
|---|---|
| 절 좀 도와 주시겠어요? | **Do you mind** helping me?<br>드 유 마인 헬핑 미 |
| 내 가방을 봐 주시겠어요? | **Do you mind** watching my bags?<br>드 유 마인 워-칭 마이 백-스 |
| 좀 더 크게 말씀해 주시겠어요? | **Do you mind** speaking a little louder?<br>드 유 마인 스피이킹 어 리를 라우더- |
| 메시지 좀 받아 주시겠어요? | **Do you mind** taking a message?<br>드 유 마인 테이킹 어 메-씨쥐 |
| 창문을 열어 주시겠어요? | **Would you mind** opening the window?<br>으-쥬 마인 오프닝 더 윈도우 |
| 계산을 다시 해 주시겠어요? | **Would you mind** checking the bill again?<br>으-쥬 마인 췌킹 더 빌 어겐 |
| 10분 후에 다시 전화 주시겠어요? | **Would you mind** calling back in 10 minutes?<br>으-쥬 마인 코올링 백- 인 텐 미니츠 |
| 사진 좀 찍어 주시겠어요? | **Would you mind** taking my picture?<br>으-쥬 마인 테이킹 마이 픽춰- |

# 회화 연습

패턴이 실제 회화에서 어떻게 쓰이는지 확인해 보자!

🔊 207~213

---

😊 여기에 서명해 주세요.
😈 **You mean right here?**
>>> M: Please sign your name here. | W: 여기 말인가요?

---

😊 좀 도와줄래?
😈 **I'm sorry, but I'm busy now.**
>>> M: Will you give me a hand, please? | W: 미안해, 지금 좀 바빠서.

---

😊 이 서류 좀 복사해줄래?
😈 **All right.**
>>> M: Will you copy these papers? | W: 좋아.

---

😊 의자를 좀 들어줄래? 동전을 떨어뜨렸어.
😈 **Sure.**
>>> M: Will you lift up the chair for a moment? I dropped some coins under it. | W: 그러지.

---

😊 부탁 하나 들어줄래요?
😈 **Certainly. What can I do for you?**
>>> M: Would you please do me a favor? | W: 그럼요. 뭘 해 드릴까요?

---

😊 우체국에 가는 길을 가르쳐 주시겠어요?
😈 **No problem.**
>>> M: Could you tell me the way to the post office? | W: 그럼요.

---

😈 **How shall we fix your hair?**
😊 어깨 길이만큼 잘라 주세요.
😈 **Yes, ma'am.**
>>> M: 머리를 어떻게 해 드릴까요? | W: Please cut my hair shoulder-length. | M: 네.

10. 요청·부탁 표현 패턴

패턴이 실제 회화에서 어떻게 쓰이는지 확인해 보자!

🔊 214~220

- 🧑 오늘 밤에 와인 좀 마실래?
- 👩 **Sorry, I don't feel like going out.**
  >>> M: Will you drink some wine tonight? | W: 미안해, 외출할 기분이 아니야.

- 🧑 오늘밤 집까지 태워다 줄래요?
- 👩 **Yes, I'd be happy to.**
  >>> M: Could you drive me home tonight? | W: 그러죠.

- 🧑 오늘 이메일을 보내 줄래?
- 👩 **Yes, I will.**
  >>> M: Would you send me an e-mail today? | W: 그럴게.

- 🧑 내일 전화해줄래?
- 👩 **All right.**
  >>> M: Could you give me a call tomorrow? | W: 알았어.

- 🧑 토니, 우편함을 좀 보고 와줄래?
- 👩 **I did. We got a letter for Cindy.**
  >>> W: Could you go check the mailbox, Tony? | M: 아까 봤어. 신디한테 편지가 왔어.

- 🧑 오디오 소리 좀 줄여 주시겠어요?
- 👩 **Certainly not.**
  >>> M: Would you mind turning your stereo down? | W: 알겠습니다.

- 🧑 창문 좀 열어줄래?
- 👩 **No, not at all.**
  >>> M: Do you mind opening the window? | W: 그럼.

🔊 221~225

- 냉장고에서 브로콜리 좀 꺼내줄래?
- Here you are.

  >>> M: Will you take the broccoli out of the refrigerator? | W: 여기 있어.

- 이 물통에 물을 채워줄래?
- No problem.

  >>> M: Won't you fill this bucket with water? | W: 그래.

- 커피 한 잔 따라 주시겠어요?
- Sure. Would you like some milk or sugar?

  >>> M: Could you pour a cup of coffee? | W: 그럼요. 우유나 설탕도 넣을래요?

- Are you making copies for tomorrow's meeting, Sally?
- 그래, 빌. 페이지를 호치키스로 묶어 줄래?
- No, I'd be glad to.

  >>> M: 셀리, 내일 회의 때 쓸 복사를 하는 거니? | W: Yes, Bill. Do you mind stapling the pages together for me? | M: 그래, 그러지.

- 실례지만 사진 좀 찍어 주시겠어요?
- Sure, I can do that. What would you like in the background?
- Try to get as much of the field as possible, and snap the photo just as the pitcher throws the ball.
- I'll do my best, but I'm not the greatest photographer. OK, say "cheese."

  >>> M: Excuse me. Would you mind taking our picture, please? | W: 그럼요, 찍어 줄게요. 배경으로 뭐가 좋으세요? | M: 가능하면 야구장을 많이 담아 주세요. 그리고 투수가 공을 던질 때 찍어 주세요. | W: 최대한 해보겠지만 전 사진을 잘 찍지 못해요. 그럼 '치즈'라고 하세요!

# 11 희망·바람 표현 패턴

Pattern **1** ||

> ~하고 싶다.　　**I'd like to** ┐ 동사원형 ~.
> 　　　　　　　　**I want to** ┘

I want to ~.는 자신의 희망을 직접 말하는 것으로 손위 사람이나 친하지 않은 사람에게는 쓰지 않는 것이 좋다. I want to ~.의 공손한 표현이 I'd like to ~.이다. I'd like to ~.는 가정법의 일종으로 '만약 가능하다면 ~하고 싶어요.' 라는 뉘앙스이므로 누구에게나 쓸 수 있는 편리한 표현이다.

- **I'd like to cancel my order.** 주문을 취소하고 싶어요.
- **I want to change some money to dollars.** 달러로 환전하고 싶어요.


Pattern **2** ||

> …가 ~해주었으면 한다.　　**I'd like** ┐ 사람+to 동사원형 ~.
> 　　　　　　　　　　　　　**I want** ┘

I'd like to ~.가 자신이 하고 싶은 것을 말하는 것인데 비해 I'd like+사람+to부정사 ~. 패턴으로 하면 특정한 사람이 '~해 주었으면 한다.'고 하는 표현이 된다. 목적어에 사람이 인칭대명사로 올 때는 반드시 목적격을 써야 한다.
I want ~.도 같은 식으로 I want+사람+to부정사 ~. 패턴이 가능하다. I'd like+사람+to부정사 ~.가 더 공손한 표현임은 물론이다.

- **I'd like you to do your best.** 최선을 다해 주길 바라요.
- **I want you to do me a favor.** 부탁 하나 들어 주면 좋겠어요.

## Pattern 3 ||

~를 주세요.　　　**I'd like** ┐ 명사.
　　　　　　　　　**I want** ┘

I'd like 뒤에 명사가 오면 '~주세요, ~을 부탁합니다.' 라는 의미가 된다. I'd는 I would를 줄여서 말하는 것이다. '가능하다면' 이라는 뉘앙스가 있어서 I want ~.보다 공손한 표현이 된다.
'I'd like+명사.'는 '명사, please.' 라고 바꿔 말할 수 있다.

- **I'd like** a cup of tea. 홍차 한잔 주세요.
- **I want** a large coke. 콜라 큰 거 하나 주세요.
- **A tomato juice for me, please**. 전 토마토 주스 주세요.


## Pattern 4 ||

…를 ~해주면 좋겠다.　　**I'd like** ┐ 명사(사물)+과거분사 ~.
　　　　　　　　　　　**I want** ┘

I'd like(I want) 뒤에 목적어로 명사(사물)이 오고 그 목적어를 설명하는 목적격보어로 과거분사가 오면 '…이 ~되기를 바라다, ~을 해주기를 원하다' 라는 의미가 된다.

- **I'd like** my coffee **served** later. 커피는 나중에 주세요.
- **I want** the work **done** quickly. 그 일을 빨리 끝내주면 좋겠어요.

Pattern 5 ||

> ~하기를 바란다.    **I hope** ─┬─ **(that) 주어+동사 ~.**
>                              └─ **to 동사원형 ~.**

I hope (that) ~.은 '~하기를 바란다, ~하면 좋겠다.'라는 자신의 희망이나 기대를 표현하는 패턴이다. that 뒤에 그렇게 되었으면 하는 내용이 온다. 부정문은 부정어를 hope 뒤에 오는 동사에 붙인다. 또한 hope는 목적어로 that절 뿐만 아니라 to부정사도 취할 수 있다.

- **I hope (that) it'll be fine tomorrow.** 내일 날씨가 맑으면 좋겠어요.
- **I hope to visit that country someday.** 언젠가 그 나라를 방문하고 싶어요.
- **I hope I'm not interrupting you.** 제가 방해가 안 되면 좋겠어요.


Pattern 6 ||

> ~라면 좋겠다.    **I wish+주어+동사(과거형) ~.**

I wish ~.는 '~라면 좋겠는데.'라는 현실과 다르거나 실현될 가능성이 거의 없는 희망을 말하는 패턴이다. wish 뒤에는 반드시 과거형이 와야 하고 be동사일 때는 주어에 관계없이 were를 쓴다.
과거의 사실과 다른 희망을 나타낼 때는 I wish+주어+동사(과거완료형) ~.으로 하면 된다.

- **I wish it were Sunday today.** 오늘이 일요일이면 좋겠어요.
- **I wish I could speak English as well as she.** 그녀만큼 영어를 잘 했으면 좋겠어요.
- **I wish I had called for reservations.** 전화로 예약을 해둘 걸 그랬어요.

# 패턴 연습

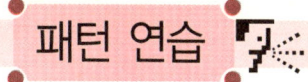

패턴을 이용해서 다양한 문장을 만들어 보자!

Pattern 1 ||  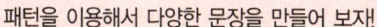 226

| ~하고 싶다. | I'd like to ─┬─ 동사원형 ~. |
|            | I want to   ─┘           |

당신 주소를 알고 싶어요.
**I'd like to** know your address.
아이드 라익 트 노우 유어- 애드뤠스

스미스 씨와 통화하고 싶어요.
**I'd like to** speak to Mr. Smith.
아이드 라익 트 스피익 트 미스터- 스미쓰

1인실을 예약하고 싶어요.
**I'd like to** reserve a single room.
아이드 라익 트 뤼저-브 어 씽글 루움

비행기 시간을 바꾸고 싶어요.
**I'd like to** change my flight time.
아이드 라익 트 췌인쥐 마이 플라잇 타임

몇 가지 질문을 하고 싶어요.
**I'd like to** ask you some questions.
아이드 라익 트 애-스크 유 썸 퀘스쳔즈

세계여행을 하고 싶어요.
**I want to** travel around the world.
아이 원트 트 트뢔-블 어롸운드 더 월-드

룸 서비스를 주문하고 싶어요.
**I want to** order some room service.
아이 원트 트 오-더- 썸 루움 써-비스

금요일에 당신 사무실을 방문하고 싶어요.
**I want to** visit your office on Friday.
아이 원트 트 비짓 유어- 어-퓌스 온 프라이데이

11. 희망·바람 표현 패턴   **159**

패턴을 이용해서 다양한 문장을 만들어 보자!

**Pattern 2** ||  🔊 227

| …가 ~해주었으면 한다. | **I'd like** ──┐ 사람+to 동사원형 ~. |
|---|---|
| | **I want** ──┘ |

좀 도와주세요.
I'd like you to help me.
아이드 라익 유 트 헬프 미

그가 이 책을 읽어주면 좋겠어요.
I'd like him to read this book.
아이드 라익 힘 트 뤼-드 디스 북

그녀가 당장 거기 가주면 좋겠어요.
I'd like her to go there at once.
아이드 라익 허- 트 고우 데어- 앳 원스

스미스 씨가 내일 여기 와주면 좋겠어요.
I'd like Mr. Smith to come here tomorrow.
아이드 라익 미스터- 스미쓰 트 컴 히어- 트머-뤄우

지배인이 그것을 설명해 주면 좋겠어요.
I'd like the manager to explain it.
아이드 라익 더 매니줘- 트 익스플레인 잇

좀 더 천천히 말해 주세요.
I want you to speak more slowly.
아이 원트 유 트 스피익 모어- 슬로울리

그가 그것을 당장 고쳐주면 좋겠어요.
I want him to repair it right away.
아이 원트 힘 트 뤼페어- 잇 롸잇 어웨이

낸시가 이 보고서를 복사해주면 좋겠어요.
I want Nancy to copy this report.
아이 원트 낸-시 트 카-피 디스 뤼포-엇

Pattern 3 ||

| ~를 주세요. | I'd like ─┐ 명사.<br>I want ─┘ |

| 마실 것을 주세요. | **I'd like** something to drink.<br>아이드 라익 썸씽 트 드륑 |
| --- | --- |
| 시내지도 주세요. | **I'd like** a map of this city.<br>아이드 라익 어 맵- 오브 디스 씨리 |
| 내일 모닝콜을 부탁해요. | **I'd like** a wake up call tomorrow.<br>아이드 라익 어 웨이크 업 코올 트머-뤄우 |
| 더 큰 것을 주세요. | **I'd like** a bigger one.<br>아이드 라익 어 비거- 원 |
| 사과 네 개 주세요. | **I want** four apples, please.<br>아이 원트 포어- 애플즈 플리이즈 |
| 최신 핸드폰 주세요. | **I want** the latest mobile phone, please.<br>아이 원트 더 래이티스트 모우블 포운 플리이즈 |
| 햄버거하고 콜라 주세요. | **I want** a hamburger and a coke.<br>아이 원트 어 햄-버-거- 앤 어 코욱 |
| 햇볕이 잘 드는 방을 주세요. | **I want** a room that gets enough sunlight.<br>아이 원트 어 루움 댓 게츠 이너프 썬라잇 |

11. 희망·바람 표현 패턴

패턴을 이용해서 다양한 문장을 만들어 보자!

Pattern 4 ||

…를 ~해주면 좋겠다.　　**I'd like** ─┐ 명사(사물)+과거분사 ~.
　　　　　　　　　　　　**I want** ─┘

| 내 짐을 방까지 날라 주세요. | **I'd like** my baggage carried to my room. |
| 아이드 라익 마이 배-기쥐 캐-뤼드 트 마이 루움 |

| 더 조용한 방으로 바꿔 주세요. | **I'd like** my room changed to a quieter one. |
| 아이드 라익 마이 루움 췌인쥐드 트 어 콰이어러- 원 |

| 아침식사를 제 방으로 갖다 주세요. | **I'd like** breakfast served in my room. |
| 아이드 라익 브뤡퍼스트 써-브드 인 마이 루움 |

| 가능한 한 빨리 이 카메라를 고쳐 주세요. | **I'd like** this camera repaired as soon as possible. |
| 아이드 라익 디스 캐-므러 뤼페어드 어즈 쑨 어즈 파써블 |

| 오늘 저녁까지 이 블라우스를 세탁해 주세요. | **I want** this blouse cleaned by this evening. |
| 아이 원트 디스 블라우스 클리인드 바이 디스 이-브닝 |

| 5달러만 더 깎아 주세요. | **I want** a five dollars discount. |
| 아이 원트 어 파이브 달-러즈 디스카운트 |

| 한국어로 이 편지를 번역해 주세요. | **I want** this letter put into Korean. |
| 아이 원트 디스 레러- 풋 인트 커뤼-안 |

| 팩스로 이 메모를 한국에 보내 주세요. | **I want** this memo sent to Korea by fax. |
| 아이 원트 디스 메모우 쎈트 트 커뤼-아 바이 팩스 |

Pattern 5 || 🔊 230

| ~하기를 바란다. | **I hope** ┬ to 동사원형 ~. |
| | └ (that) 주어+동사 ~. |

| 6월 10일까지 준비되길 바랍니다. | **I hope to** be ready by June 10th. |
| | 아이 호웁 트 비 뤠디 바이 주운 텐쓰 |

| 다시 여길 방문하고 싶어요. | **I hope to** visit here again. |
| | 아이 호웁 트 비짓 히어- 어겐 |

| 조만간 다시 만나고 싶어요. | **I hope to** see you again soon. |
| | 아이 호웁 트 씨- 유 어겐 수운 |

| 빨리 나으시길 바랍니다. | **I hope (that)** you get well soon. |
| | 아이 호웁 (댓) 유 겟 웰 수운 |

| 내일은 날이 맑으면 좋겠어요. | **I hope** the weather will clear up tomorrow. |
| | 아이 호웁 더 웨더- 윌 클리어- 업 트머-뤄우 |

| 내일은 비가 안 오면 좋겠어요. | **I hope** it won't rain tomorrow. |
| | 아이 호웁 잇 워운트 뤠인 트머-뤄우 |

| 늘 건강하시고 행복하길 바랍니다. | **I hope** you are always healthy and happy. |
| | 아이 호웁 유 아- 올-웨이즈 헬씨 앤 해피 |

| 그녀가 운전면허 시험에 떨어지지 않으면 좋겠어요. | **I hope that** she won't fail her driving test. |
| | 아이 호웁 댓 쉬 워운트 뛔일 허- 드롸이빙 테스트 |

11. 희망·바람 표현 패턴 **163**

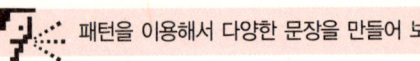 패턴을 이용해서 다양한 문장을 만들어 보자!

Pattern 6 ||

~라면 좋겠다.　　**I wish+주어+동사(과거형) ~.**

| | |
|---|---|
| 내가 남자면 좋겠어. | I wish I were a man.<br>아이 위쉬 아이 워- 어 맨- |
| 너처럼 멋진 새 차가 있으면 좋겠어. | I wish I had a nice new car like you.<br>아이 위쉬 아이 햇 어 나이스 뉴- 카- 라익 유 |
| 백만 달러 복권에 당첨되면 좋겠어요. | I wish I won a million dollars in the lottery.<br>아이 위쉬 아이 원 어 밀리언 달-러즈 인 더 로-러뤼 |
| 조금만 더 잘 수 있으면 좋겠어요. | I wish I could sleep a little more.<br>아이 위쉬 아이 쿳 슬리입 어 리틀 모어- |
| 라디오를 크게 안 틀면 좋겠어요. | I wish you wouldn't play the radio so loud.<br>아이 위쉬 유 우든 플레이 더 뤠이디오 쏘 라우드 |
| 비가 그만 그치면 좋겠어요. | I wish it would stop raining soon.<br>아이 위쉬 잇 웃 스타압 뤠이닝 수운 |
| 어제 밤에 그 일을 끝내둘 걸 그랬어. | I wish I had finished the work last night.<br>아이 위쉬 아이 햇 퓌니쉬트 더 워억 래-스트 나잇 |
| 그걸 사 둘 걸 그랬어. | I wish I had bought it.<br>아이 위쉬 아이 햇 바-앗 잇 |

# 회화 연습

패턴이 실제 회화에서 어떻게 쓰이는지 확인해 보자!

🔊 232~237

---

🙂 치즈버거하고 오렌지주스 주세요.
🙂 For here or to go?

>>> M: I'd like a cheeseburger and orange juice, please. | W: 여기서 드실 건가요, 포장해 드릴까요?

---

🙂 What would you like for dinner?
🙂 스테이크하고 야채샐러드 주세요.
🙂 I'd like a roast beef and some potatoes.

>>> W1: 저녁 식사로 뭘 드시겠어요? | M: I'd like a steak and green salad. | W2: 난 로스트 비프하고 감자를 주세요.

---

🙂 그 소스 맛을 좀 보고 싶어.
🙂 Please have a taste.

>>> M: I want to taste the sauce. | W: 한번 살짝 먹어봐.

---

🙂 이 소포를 한국으로 부치고 싶은데요.
🙂 What's in it?
🙂 Personal belongings.

>>> M: I'd like to send this package to Korea. | W: 안에 뭐가 들었습니까? | M: 개인 물건입니다.

---

🙂 This room smells bad.
🙂 그러네. 여기서 나가고 싶어.

>>> M: 이 방에서 이상한 냄새가 나. | W: Yes. I want to leave this room.

---

🙂 Why are you measuring the size of the closet?
🙂 장롱 안에 넣을 상자를 사려고 해.

>>> M: 장롱 크기는 왜 재고 있어? | W: Because I want to buy some boxes to put in the closet.

---

11. 희망·바람 표현 패턴  **165**

패턴이 실제 회화에서 어떻게 쓰이는지 확인해 보자!

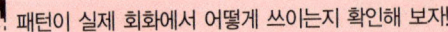

- **Aisle or window seat?**
- 통로쪽 좌석을 주세요.
  >>> M: 통로쪽 좌석을 드릴까요, 창쪽 좌석을 드릴까요? | W: I'd like an aisle seat, please.

- 꼭 오셔서 우리 가족을 만나 주세요.
- **OK. I'd be pleased to see them.**
  >>> M: I'd really like you to come over to meet my family. | W: 알겠습니다. 그렇게 할게요.

- 차를 빌리고 싶어.
- **Sure. But be sure to bring it back by five.**
  >>> M: I'd like to borrow the car. | W: 그래. 그런데 5시까지는 꼭 돌려줘야 해.

- 회의실에 가고 싶어요.
- **Certainly. This way, please.**
  >>> M: I'd like to go to the conference room. | W: 네, 이쪽입니다.

- 계좌를 개설하고 싶어요.
- **What kind of account would you like?**
  >>> M: I'd like to open an account. | W: 어떤 계좌를 원하세요?

- 네가 진실을 말해주면 좋겠는데.
- **Okay. I'll tell you everything.**
  >>> M: I'd like you to tell me the truth. | W: 좋아. 전부 말해 줄게.

- 당신 나라를 방문할 수 있으면 좋겠어요.
- **I hope so, too.**
  >>> M: I hope I'll be able to visit your country. | W: 저도 그러길 바라요.

🎙 245~248

- 🧑 I enjoyed talking to you.
- 👩 My pleasure.
- 🧑 언제 또 만날 수 있길 바랍니다.

   >>> M: 얘기 즐거웠습니다. | W: 별말씀을 다 하세요. | M: I hope I can see you again some time.

---

- 🧑 I truly had a pleasant time tonight.
- 👩 I'm glad you did. Please give my warmest wishes to your family.
- 🧑 네, 그럴게요. 언제 우리 집에도 놀러 오시면 좋겠어요.
- 👩 Yes, by all means.

   >>> M: 오늘 밤 정말 즐거웠어요. | W: 그러셨다니 다행이네요. 가족 분들에게 안부 전해 주세요. | M: Thank you, I will. We hope you'll also come over to our place some time. | W: 네, 물론이죠.

---

- 🧑 Keith, I could use your help.
- 👩 도와주면 좋겠는데 지금 너무 바빠.

   >>> M: 키스, 좀 도와주면 좋겠는데. | W: I wish I could help you, but I'm too busy now.

---

- 🧑 I need a new car; the one I have now is pretty shot.
- 👩 Do you want me to introduce you to a good dealer?
- 🧑 멋진 스포츠카를 살 돈이 있으면 좋겠는데.
- 👩 I know a place where you can get a good discount.
- 🧑 I'm much obliged.
- 👩 Will it suit you if we go see him right now?
- 🧑 It's OK with me.

   >>> M: 새 차를 사야겠어. 지금 차는 너무 낡았어. | W: 좋은 딜러를 소개해 줄까? | M: I wish I had enough money to buy a good sports car. | W: 꽤 많이 할인을 해주는 데를 알아. | M: 고마워. | W: 괜찮으면 지금 만나러 가볼래? | M: 좋아.

11. 희망·바람 표현 패턴   **167**

# 12 예정·계획 표현 패턴

미래의 예정이나 계획을 말할 때 언제부터 그 생각을 했는지에 따라 표현 방법이 달라진다.

전에는 할 생각이 없었지만(결정하지 않았지만) '말하는 지금 결정하는' 경우에는 I'll ~. 패턴을 쓴다. 즉, 비가 오는 것을 보고 '택시를 타야겠다.'고 결정하는 경우를 말한다. 이 I'll ~.은 무엇인가를 제안(I'll help you.)하거나 약속(I'll be back before lunch.)하거나 할 때도 자주 쓰인다.

위에서 말한 '지금 결정한 예정의 will'에 비해 '(말하기 이전부터) 이미 그 생각을 결정해 논' 상황에서는 I'm going to ~. 패턴이나 현재진행형(I'm -ing.) 패턴을 쓴다.

### Pattern 1 ||

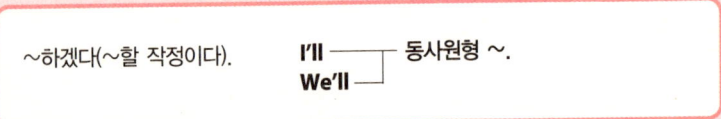

미리 계획된 일이 아니고 이제부터 할 생각이라는 예정을 표현한다. 따라서 will은 할 수도 있고 안 할 수도 있다는 의미가 강하다.

- **I'll call you later.** 나중에 전화할게.
- **I'll be back soon.** 곧 올게요.

Pattern 2 ||

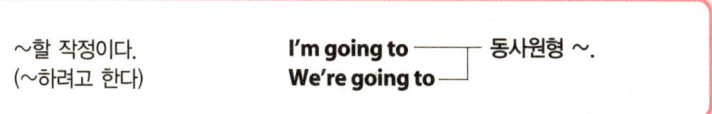

be going to는 이미 준비가 되어 있어서 꼭 할 거라는 예정을 표현한다.

- **I'm going to** learn Chinese. 중국어를 배울 작정입니다.
- **We're going to** stay here till next Monday. 다음 주 월요일까지 묵을 작정이에요.


Pattern 3 ||

현재진행형으로도 위와 같이 '~할 작정이다'라는 의미를 표현할 수 있다. 가까운 미래에 일어날 일에 많이 쓰고, be going to와 같이 이미 하기로 결정된 일을 말할 때도 쓰는데 의미가 가장 강하다. 또한 '~하는 중이다'라고 행동의 진행을 표현할 때도 쓸 수 있다.

- **I'm go**ing shopping in the afternoon. 오후에 쇼핑하려고 해요.
- **We are hav**ing a picnic tomorrow. 우리는 내일 소풍을 가려고 해요.

# 패턴 연습

**Pattern 1** ||

~하겠다(~할 작정이다).    I'll ─┐ 동사원형 ~.
                        We'll ─┘

| 오늘 밤에 전화할게요. | **I'll** call you tonight.<br>아일 코올 유 트나잇 |
| --- | --- |
| 금방 올게요. | **I'll** be back in a minute.<br>아일 비 백- 인 어 미닛 |
| 나중에 깨끗이 청소할게요. | **I'll** clean it up later.<br>아일 클리인 잇 업 레이러- |
| 어떻게 하는지 가르쳐 줄게요. | **I'll** show you how to do it.<br>아일 쇼우 유 하우 트 두 잇 |
| 오늘 그를 방문할 겁니다. | **I'll** call on him today.<br>아일 코올 온 힘 트데이 |
| 다음 주 토요일은 집에 있을 겁니다. | **I'll** stay home next Saturday.<br>아일 스테이 호움 넥스트 쌔-러데이 |
| 오늘 저녁 7시까지는 집에 올 겁니다. | **I'll** be home by 7 o'clock this evening.<br>아일 비 호움 바이 세븐 어클락- 디스 이-브닝 |
| 주문서 사본을 팩스로 보내 드릴게요. | **I'll** fax you a copy of the order form.<br>아일 팩스 유 어 카피 오브 디 오-더 포엄 |

패턴을 이용해서 다양한 문장을 만들어 보자!

Pattern 2 ||  🔊 250

| ~할 작정이다. (~하려고 한다) | **I'm going to** ─┐ 동사원형 ~. **We're going to** ─┘ |

| 퇴근 후에 쇼핑을 할 겁니다. | **I'm going to** go shopping after work. |
| | 아임 고우잉 트 고우 샤핑 애프터- 워억 |

| 오후 2시에 출발할 겁니다. | **I'm going to** start at 2 p.m. |
| | 아임 고우잉 트 스타앗 앳 투- 피-엠 |

| 올 휴가는 하와이에서 보낼 작정이에요. | **We're going to** spend our vacation in Hawaii this year. |
| | 위 아- 고우잉 트 스팬드 아우어- 베케이션 인 허와이 디스 이어- |

| 올 여름에는 운전면허를 딸 겁니다. | **I'm going to** get a driver's license this summer. |
| | 아임 고우잉 트 겟 어 드라이버-즈 라이쏜스 디스 써머- |

| 내년에 결혼할 겁니다. | **I'm going to** get married next year. |
| | 아임 고우잉 트 겟 매-뤼드 넥스트 이어- |

| 다음 달에 서울로 이사할 겁니다. | **We're going to** move to Seoul next month. |
| | 위 아- 고우잉 트 무브 트 쏘-울 넥스트 먼쓰 |

| 다음 주에 고향에 갈 겁니다. | **I'm going to** visit my hometown next week. |
| | 아임 고우잉 트 비짓 마이 호움타운 넥스트 위익 |

12. 예정·계획 표현 패턴

 패턴을 이용해서 다양한 문장을 만들어 보자!

Pattern 3 ||

~할 작정이다.
(~하려고 한다)

I'm ─┐
We're ─┘ 동사원형ing ~.

| 다음 주 뉴욕에 갑니다. | I'm going to New York next week.<br>아임 고우잉 트 뉴-욕 넥스트 위익 |
|---|---|
| 다음 주 금요일에 떠납니다. | I'm leaving on next Friday.<br>아임 리-빙 온 넥스트 프라이데이 |
| 여기서 내릴게요. | I'm getting off here.<br>아임 게링 오프 히어- |
| 아내가 7월에 출산해요. | My wife is having a baby in July.<br>마이 와이프 이즈 해-빙 어 베이비 인 줄라이 |
| 카드로 결제할게요. | I'm paying with a card.<br>아임 페-잉 위드 어 카드 |
| 이번 주말에 벼룩시장에 갈 거예요. | I'm going to the flea market this weekend.<br>아임 고우잉 트 더 플리- 마켓 디스 위익엔드 |
| 다음 주에 가족들을 데리고 휴가를 갈 겁니다. | I'm taking the family on vacation next week.<br>아임 테이킹 더 패-밀리 온 베케이션 넥스트 위익 |
| 오늘 밤에 톰하고 저녁을 먹을 겁니다. | I'm having dinner with Tom tonight.<br>아임 해-빙 디너- 위드 탐 트나잇 |

# 회화 연습

패턴이 실제 회화에서 어떻게 쓰이는지 확인해 보자!

🔊 252~258

- Have you submitted your proposal to the manager yet?
- 아니, 오늘 오후에 제출할 거야.

  >>> M: 부장님한테 기획안 제출했어? | W: No, but I'll do it this afternoon.

- I don't like the color of your nail polish.
- 그럼 지울게.

  >>> M: 그 매니큐어 색깔 맘에 안 들어. | W: Then I'll take it off.

- 비자 연장을 안 하려고 해.
- I trust you will be departing then.

  >>> M: I will not be seeking an extension of my visa. | W: 그럼 귀국하는 거네.

- What are you going to do this weekend?
- 낸시하고 저녁을 먹을 거야.

  >>> M: 주말에 뭐 할 거니? | W: I'm going to have dinner with Nancy.

- Are they engaged?
- 그래. 다음 달에 결혼할 거야.

  >>> M: 둘이 약혼했어? | W: Yes. They are going to get married next month.

- Did you find a new apartment?
- 그래, 내일 이사해.

  >>> M: 새 아파트 구했어? | W: Yes, we're moving in tomorrow.

- 런던으로 언제 돌아 가?
- Maybe next month.

  >>> M: When are you going back to London? | W: 아마 다음 달쯤.

# 13
# 허락 표현 패턴

Pattern 1 ||

> ~해도 돼요?  **Can I** ─┐
> ~해도 됩니까?  **Could I** ─┴ 동사원형 ~?

허락을 청하는 가장 일반적인 패턴이다. Can I ~?의 Can을 과거형으로 해서 Could I ~?라고 하면 공손한 표현이 된다.
대답은 허락해 줄 때는 Of course you can. / Sure. / Yes, certainly. / Yes, please. / Why not?으로 하면 되고, 거절할 때는 I'm sorry, but you can't. / I'm afraid you can't.로 하면 된다.

- **Can I** take a picture? 사진을 찍어도 돼요?
- **Could I** put my coat here? 여기에 코트를 놔둬도 됩니까?


Pattern 2 ||

> ~해도 되겠어요?    **May I+동사원형 ~?**

May I ~?도 허락을 청하는 패턴이다. Can I ~?나 Could I ~?보다 May I ~?가 더 공손한 표현이므로 손위 사람이나 처음 보는 사람에게는 May I ~?라고 하는 게 좋다.

- **May I** try on this skirt? 이 스커트를 입어봐도 되겠습니까?

Pattern 3 ||

> ~해도 괜찮겠어요?　**Is it all right if I+동사원형 ~?**

May I ~?와 거의 같은 의미로 일상적으로 더 자주 쓰이는 것이 Is it all right if I ~? 패턴이다. 친한 사이든 모르는 사람이든 가리지 않고 상대방의 대답이 Yes인지 No인지 모를 때 허락을 청하거나, 관습상 허용이 되는지를 묻는 공손한 표현이다. all right 대신에 okay를 써도 되고, 더 공손하게 말하려면 가정법을 써서 Would it be all right if I ~?라고 하면 된다.

- **Is it all right if I** use your computer for a minute? 잠깐 네 컴퓨터를 써도 될까?
- **Is it okay if I** take pictures here? 여기서 사진을 찍어도 됩니까?
- **Would it be all right if I** take next Monday off? 다음 월요일에 쉬어도 괜찮겠어요?


Pattern 4 ||

> ~해도 괜찮겠어요?　**Do you mind if I+동사원형 ~?**
> 　　　　　　　　　**Would you mind if I+동사(과거형) ~?**

Do you mind if I ~?는 '~해도 괜찮아요?(허락)' '~해 주겠어요?(부탁)' 라는 두 가지 의미가 있고 누구에게나 사용할 수 있는 편리한 표현이다.
Do you mind if I ~? 대신에 Would you mind if I ~?라고 하면 좀 더 공손한 표현이 되는데, 이때는 동사의 과거형을 쓴다. 현재형을 써도 관계없지만 과거형이 많이 쓰이고 현재형을 쓰면 약간 격이 없이 들린다.
mind가 들어 있어서 직역하면 '내가 ~하면 싫으세요?' 라는 의미이므로 대답은 허락을 할 때는 부정으로, 거절할 때는 긍정으로 해야 한다. 따라서 허락할 때는 No, I don't(wouldn't). / No, not at all. 등으로 하면 되고, 거절할 때는 Yes, I do(would). / I'd rather you didn't.로 하면 된다.

- **Do you mind if I** use your mobile phone? 당신 핸드폰을 좀 써도 되겠어요?
- **Would you mind If I** turned off the radio? 라디오를 꺼도 되겠습니까?

# 패턴 연습

**Pattern 1 ||**  🔊 259

| ~해도 돼요? | **Can I** ┐ 동사원형 ~? |
| ~해도 됩니까? | **Could I** ┘ |

| 들어가도 돼요? | **Can I** come in? |
| --- | --- |
| | 캐나이 컴 인 |

| 청소기를 써도 돼요? | **Can I** use the vacuum cleaner? |
| --- | --- |
| | 캐나이 유-즈 더 배-큐음 클리-너- |

| 오늘밤에 전화해도 돼요? | **Can I** give you a call this evening? |
| --- | --- |
| | 캐나이 깁 유 어 코올 디스 이-브닝 |

| 당신 사무실에 들러도 돼요? | **Can I** drop in at your office? |
| --- | --- |
| | 캐나이 드랍 인 앳 유어- 어-퓌스 |

| 내일 휴가를 내도 될까요? | **Could I** take a day off tomorrow? |
| --- | --- |
| | 크다이 테이크 어 데이 오프 트머-뤄우 |

| 질문 하나 해도 될까요? | **Could I** ask you a question? |
| --- | --- |
| | 크다이 애-스크 유 어 퀘스쳔 |

| 오늘 조퇴해도 될까요? | **Could I** possibly leave early today? |
| --- | --- |
| | 크다이 파-써블리 리-브 어얼리 트데이 |

| 햄 샌드위치를 하나 더 먹어도 될까요? | **Could I** have another ham sandwich? |
| --- | --- |
| | 크다이 햅 어나더- 햄 쌔느위취 |

**패턴을 이용해서 다양한 문장을 만들어 보자!**

Pattern 2 ||

260

~해도 되겠어요?   **May I+동사원형 ~?**

| 여기 앉아도 됩니까? | May I sit here?
메아이 씻 히어- |
|---|---|
| 지금 주문해도 됩니까? | May I order now?
메아이 오-더- 나우 |
| 뭐 좀 물어봐도 되겠어요? | May I ask you something?
메아이 애-스크 유 썸씽 |
| 볼펜으로 써도 됩니까? | May I write in ball-point pen?
메아이 롸잇 인 볼-포인트 펜 |
| 여동생을 데려 가도 됩니까? | May I bring my sister with me?
메아이 브륑 마이 씨스터- 윗 미 |
| 잠깐 합석해도 되겠어요? | May I join you for a moment?
메아이 조인 유 포- 어 모우먼트 |
| 여기 내려드려도 되겠어요? | May I drop you off here?
메아이 드랍 유 오프 히어- |
| 그것을 하루 이틀 빌려도 되겠어요? | May I borrow it for a day or two?
메아이 볼-뤄우 잇 포- 어 데이 오- 투- |

13. 허락 표현 패턴

패턴을 이용해서 다양한 문장을 만들어 보자!

**Pattern 3** ‖ ▶261

~해도 괜찮겠어요?   **Is it all right if I+동사원형 ~?**

| | |
|---|---|
| 창문을 열어도 되겠어? | **Is it all right if I open a window?**<br>이짓 올-롸잇 이파이 오우픈 어 윈도우 |
| 여기서 사진을 찍어도 돼요? | **Is it all right if I take pictures here?**<br>이짓 올-롸잇 이파이 테익 픽춰-즈 히어- |
| 톰, 차 좀 빌려가도 돼? | **Is it okay if I borrow the car, Tom?**<br>이짓 오우케이 이파이 볼-뤄우 더 카- 탐 |
| 편한 복장을 입어도 괜찮나요? | **Is it okay if I'm casually dressed?**<br>이짓 오우케이 이프 아임 캐-주얼리 드뤠스드 |
| 하나 더 물어도 되겠어? | **Is it okay if I ask you one more question?**<br>이짓 오우케이 이파이 애-스크 유 원 모어- 퀘스쳔 |
| 당신 집에 묵어도 돼요? | **Is it okay if I stay at your house?**<br>이짓 오우케이 이파이 스테이 앳 유어- 하우스 |
| 지금 떠나도 돼요? | **Is it okay if I leave now?**<br>이짓 오우케이 이파이 리-브 나우 |
| 이걸 여기에 놔둬도 돼요? | **Would it be all right if I leave this here?**<br>우드 잇 비 올-롸잇 이파이 리-브 디스 히어- |

Pattern 4 || 🔊 262

| ~해도 괜찮겠어요? | **Do you mind if I+동사원형 ~?**<br>**Would you mind if I+동사(과거형) ~?** |

이것을 빌려가도 돼요?
Do you mind if I borrow this?
드유 마인 이파이 볼-뤄우 디스

상자를 열어도 돼요?
Do you mind if I open the box?
드유 마인 이파이 오우픈 더 박스

내일 찾아뵈도 돼요?
Do you mind if I call on you tomorrow?
드유 마인 이파이 코올 온 유 트머-뤄우

창문을 닫아도 돼요?
Do you mind if I close the window?
드유 마인 이파이 클로우즈 더 윈도우

저 사과를 먹어도 돼요?
Would you mind if I ate that apple?
으쥬 마인 이파이 에잇 댓 애-플

이 소설 빌려가도 돼요?
Would you mind if I borrowed this novel?
으쥬 마인 이파이 볼-뤄우드 디스 너-블

라디오를 꺼도 돼요?
Would you mind if I turned off the radio?
으쥬 마인 이파이 터언드 오프 더 뤠이디오우

그 책을 다음 주에 돌려줘도 돼요?
Would you mind if I returned the book to you next week?
으쥬 마인 이파이 뤼터언드 더 북 트 유 넥스트 위익

13. 허락 표현 패턴  **179**

# 회화 연습

🔊 263~269

- 🙂 부탁 하나 해도 돼?
- 🙂 Sure. What is it?

  >>> M: Can I ask you a favor? | W: 그럼, 뭔데?

- 🙂 여기서 담배 피워도 돼?
- 🙂 No, it's a non-smoking area.

  >>> M: Can I smoke here? | W: 안 돼, 금연구역이야.

- 🙂 회계부의 존스 씨와 통화할 수 있을까요?
- 🙂 Just a moment, please.

  >>> M: Can I speak to Mr. Jones in the accounting department? | W: 잠깐만 기다리세요.

- 🙂 네 휴대폰 써도 돼?
- 🙂 Of course.

  >>> M: May I use your cell phone? | W: 그럼.

- 🙂 손 씻었으니까 이제 케이크 먹어도 돼요?
- 🙂 But you have to wash off the soap completely.

  >>> M: I cleaned my hands. Can I eat my cake now? | W: 근데 비누를 깨끗이 씻어야겠어.

- 🙂 How about going out for dinner tomorrow?
- 🙂 미안해. 다음에 하면 안 될까?

  >>> M: 내일 저녁 먹으러 나갈까? | W: Sorry, I can't. But is it okay if I take a rain check?

- 🙂 여기 주차해도 돼요?
- 🙂 Yes, it's quite all right.

  >>> M: Is it all right if I park my car here? | W: 네, 괜찮아요.

### 패턴이 실제 회화에서 어떻게 쓰이는지 확인해 보자!

▶ 270~274

🔴 이 펜 써도 돼?
🔵 No, but you can use this one.
>>> M: Is it okay if I use this pen? | W: 아니, 근데 이건 써도 돼.

🔴 좌석을 뒤로 젖혀도 괜찮아요?
🔵 No, not at all.
>>> M: Do you mind if I recline my seat? | W: 그러세요.

🔴 창문을 열어도 되겠어요?
🔵 I would appreciate it if you wouldn't do so.
>>> M: Would you mind if I open the window? | W: 열지 않으면 고맙겠어요.

🔵 Hello, Acme Corporation, May I help you?
🔴 네. 브라운 씨와 통화할 수 있나요?
🔵 May I ask who is calling, please?
🔴 This is Michael Evans speaking.
>>> W: 여보세요. 아크미 사입니다. 도와드릴까요? | M: Yes. Can I speak to Mr. Brown? | W: 누구신지 여쭤 봐도 될까요? | M: 마이클 에번스입니다.

🔴 부탁할 게 좀 있는데?
🔵 Sorry, but I'm busy now.
🔴 Can't you spare a few minutes, please? I've got a couple of questions to ask you.
🔵 I'm sorry, but I don't have time now. I have a pile of work to do.
🔴 When can I talk to you?
>>> M: May I bother you for a minute? | W: 미안한데 지금 바빠. | M: 몇 분도 안 되겠어? 물어볼 게 좀 있어서. | W: 미안하지만 지금 시간 없어. 할 일이 산더미야. | M: 언제면 되겠어?

13. 허락 표현 패턴  **181**

# 14
# 의견·생각 표현 패턴

단정을 피하면서 자신의 의견을 분명히 말할 때 가장 자주 쓰는 것이 I think (that) ~. 패턴이다. think 뒤에는 that절이 목적어로 오지만 that은 일상회화에서는 보통 생략되며, that을 붙이면 다소 공손하게 들린다. 부정문은 I don't think (that) ~.으로 표현한다. 예를 들면 '내일은 비가 오지 않을 것 같다'는 I don't think it'll rain tomorrow.라고 해야 한다. I think it will not(won't) rain tomorrow.도 틀린 것은 아니지만 보통 이렇게 말하지는 않는다.

think 외에 의견이나 생각을 표현하는 동사 believe(~라고 믿는다〈확신〉), feel(think보다 소극적인 표현), suppose(~일 것 같다〈주관·사고에 근거한 추측〉), guess(~일 것 같다〈확실한 근거가 없는 추측·직감〉) 등은 that절을 부정문으로 만드는 패턴과 주절의 동사를 부정하는 패턴 모두 가능하다.

반면에 hope(~이길 바란다), wish(~라면 좋겠다), trust(~라고 믿는다), be afraid(유감이지만 ~일 것 같다) 등은 that절을 부정문으로 만드는 것이 보통이다.

Pattern 1 ||

> ~일 것 같다.　　　　**I think (that)+주어+동사 ~.**

- **I think** you are wrong. 내 생각에는 네가 틀린 것 같다.
- **I don't think** it will rain tomorrow. 내일은 비가 올 것 같지 않다.

Pattern **2** ||

| ~라고 믿는다. | **I believe** | (that) 주어+동사 ~. |
| ~라고 확신한다. | **I'm sure** | |

I believe ~. / I'm sure ~.는 '틀림없이 ~일 것 같다'라고 주관적인 판단에 기초한 확신을 표현하는 패턴이다.

- I believe that **laughing is good for our health.** 웃음은 건강에 좋은 것 같다.
- I'm sure that **I left it on the table.** 틀림없이 그걸 탁자 위에 둔 것 같다.


Pattern **3** ||

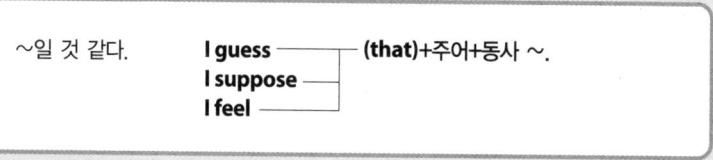

모두 확신이 없이 '~인 것 같다'고 추측하는 패턴이다.
feel은 뒤에 형용사(명사)가 와서 I feel+형용사(명사). 패턴으로 '~기분이다, ~인 것 같다'고 자신의 기분이나 상태를 표현할 수도 있다.

- I guess **she knows my phone number.** 그녀가 아마 내 전화번호를 알고 있을 것 같다.
- I suppose **you're right.** 당신 말이 맞는 것 같다.
- I feel that **the project has lost its way.** 그 프로젝트가 방향을 잃은 것 같다.
- I feel **some problems on the new project.** 새 프로젝트에 몇 가지 문제가 있는 것 같다.

Pattern 4 ||

> ~이면 좋겠다(~하길 바란다).    **I hope** ─┐
> (안됐지만) ~일 것 같다.           **I'm afraid** ─┴─ **(that)**+주어+동사 ~.

I hope (that) ~.은 그렇게 되었으면 하고 바라는 일을 예상해서 말할 때 쓰고, I'm afraid (that) ~.은 안 좋은 일, 걱정스러운 일 혹은 일어나지 않았으면 하는 일에 관해 말할 때 쓴다. 회화에서 that은 생략되는 것이 보통이다.

- **I hope** he'll come to the party. 그가 파티에 오면 좋겠다.
- **I'm afraid** he'll come to the party. 그가 파티에 올까 걱정된다.


Pattern 5 ||

> ~일 것 같습니까?      **의문사+do you think ~?**

의문사를 이용해서 다른 사람의 생각을 물을 때는 의문사+do you think ~? 패턴으로 하면 된다. 문장 앞에는 What 외에도 Who, When, Where, Which, Why, How 등 모든 의문사를 붙여 쓸 수 있다. 또한 think 대신에 guess, feel, suppose 등의 동사를 이용해서 물을 수도 있다.

- **What do you think** the most typical Korean dish is?
  한국의 대표적인 음식이 뭔인 것 같아요?
- **When do you think** you'll become a manager? 언제쯤 부장이 될 것 같아요?

# 패턴 연습

패턴을 이용해서 다양한 문장을 만들어 보자!

Pattern 1 ||  🔊 275

| ~일 것 같다. | **I think (that)+주어+동사 ~.** |

---

그녀는 정직한 것 같아요.
**I think** she's honest.
아이 씽크 쉬즈 어-니스트

---

눈이 내릴 것 같아요.
**I think** it's going to snow.
아이 씽크 이츠 고우잉 트 스노우

---

이건 내가 주문한 게 아닌 것 같아요.
**I think** this is not what I ordered.
아이 씽크 디스 이즈 낫 왓 아이 오-더-드

---

다음 주에 뉴욕에 갈 것 같아요.
**I think** I'll go to New York next week.
아이 씽크 아일 고우 트 뉴- 욕 넥스트 위익

---

그가 실수한 것 같아요.
**I think** it was his mistake.
아이 씽크 잇 워즈 히스 미스테익

---

전화를 잘못 거신 것 같아요.
**I think** you must have the wrong number.
아이 씽크 유 머스트 해브 더 륑 넘버-

---

그가 적임자인 것 같아요.
**I think** he is the best man for the job.
아이 씽크 히 이즈 더 베스트 맨- 포- 더 좝

---

그 프로젝트는 계속하기가 어려울 것 같아요.
**I think** it is hard to carry on with the project.
아이 씽크 잇 이즈 하-드 트 캐-뤼 온 윗 더 프뤄젝트

14. 의견·생각 표현 패턴

패턴을 이용해서 다양한 문장을 만들어 보자!

Pattern 2 ||  276

| ~라고 믿는다. | **I believe** ┐ |
| ~라고 확신한다. | **I'm sure** ┴ (that) 주어+동사 ~. |

그녀는 런던에 있을 거예요.  **I believe** she is in London.
아이 빌리-브 쉬 이즈 인 런든

우리가 어떻게든 해결할 수 있을 거예요.  **I believe** we can work it out.
아이 빌리-브 위 캔 워억 잇 아웃

틀림없이 많은 사람들이 고마워할 것 같아요.  **I believe** many people will appreciate it.
아이 빌리-브 메니 피-플 윌 어프뤼-쉬에잇 잇

틀림없이 그녀는 좋은 아내가 될 것 같아요.  **I believe** she will be a good wife.
아이 빌리-브 쉬 윌 비 어 구웃 와이프

틀림없이 내일은 맑을 거예요.  **I'm sure** it'll be fine tomorrow.
아임 슈어- 잇일 비 파인 트머-뤄우

분명히 그에게 해결책이 있을 거예요.  **I'm sure** he would know the solution.
아임 슈어- 히 웃 노우 더 쏠루-션

당신도 전에 이 노래를 들은 적이 있을 겁니다.  **I'm sure** you've heard this song before.
아임 슈어- 유브 허-드 디스 쏭 비포어-

틀립없이 당신은 승진할 겁니다.  **I'm sure** you'll get a promotion.
아임 슈어- 유일 겟 어 프뤄모우션

Pattern 3 ||

> ~일 것 같다.　I guess ─┐
> 　　　　　　　I suppose ─┼─ (that)+주어+동사 ~.
> 　　　　　　　I feel ────┘

| 아마 그는 집에 있을 것 같아요. | I guess he is at home.<br>아이 게스 히 이즈 앳 호움 |

| 그녀는 30대 후반쯤일 것 같아요. | I guess she is in her late thirties.<br>아이 게스 쉬 이즈 인 허- 레이트 써-티-즈 |

| 극장에 가는 길을 찾을 수 있을 것 같아요. | I guess I can find the way to the theater.<br>아이 게스 아이 캔 퐈인 더 웨이 트 더 씨-어터- |

| 거기 20명 정도 있었던 것 같아요. | I suppose there were about 20 people there.<br>아이 써포우즈 데어- 워 어바웃 트웬티 피-플 데어 |

| 선택의 여지가 없는 것 같아요. | I suppose we have no other choice.<br>아이 써포우즈 위 해브 노우 아더- 초이스 |

| 그가 돈을 좀 빌려 줄 수 있을 것 같아요. | I suppose he can lend me some money.<br>아이 써포우즈 히 캔 렌드 미 썸 머니 |

| 경기가 곧 회복될 것 같아요. | I feel the economy will recover soon.<br>아이 퓌일 디 이커-너미 월 뤼커버- 수운 |

| 그는 매우 창조적인 사람 같아요. | I feel that he is a very creative person.<br>아이 퓌일 댓 히 이즈 어 베뤼 크뤼에이립 퍼-슨 |

## 패턴을 이용해서 다양한 문장을 만들어 보자!

**Pattern 4**

~이면 좋겠다(~하길 바란다).
(안됐지만) ~일 것 같다.

I hope ──── (that)+주어+동사 ~.
I'm afraid ────

| | | |
|---|---|---|
| 모든 일이 잘 되면 좋겠어요. | **I hope** everything goes well. | |
| 좋은 자리에 앉을 수 있으면 좋겠어요. | **I hope** I can get a good seat. | |
| 내일 날씨가 좋으면 좋겠어요. | **I hope** it'll be fine tomorrow. | |
| 그녀가 다시 오면 좋겠어요. | **I hope** she'll come again. | |
| 내일 비가 올 것 같은데요. | **I'm afraid** it'll rain tomorrow. | |
| 전화를 잘못 거신 것 같은데요. | **I'm afraid** you have the wrong number. | |
| 지금 가봐야 할 것 같아요. | **I'm afraid** I have to go now. | |
| 그는 늦을 것 같은데요. | **I'm afraid** he'll be late. | |

Pattern 5 ||

| ~일 것 같습니까? | 의문사+do you think ~? |

누가 이길 것 같아요?
**Who do you think will win?**
후 드유 씽크 윌 윈

그는 뭐하고 있을 것 같아요?
**What do you think he's doing?**
왓 드유 씽크 히-즈 두잉

어디서부터 시작해야 할 것 같아요?
**Where do you think I should start?**
웨어- 드유 씽크 아이 슈드 스타앗

어느 쪽이 더 좋은 계획인 것 같아요?
**Which do you think is the better plan?**
위취 드유 씽크 이즈 더 베러- 플랜-

공항까지 얼마나 걸릴 것 같아요?
**How long do you think it will take to get to the airport?**
하우 롱 드유 씽크 잇일 테익 트 겟 트 디 에어-포엇

우리 어머니가 몇 살인 것 같아요?
**How old do you think my mother is?**
하우 오울드 드유 씽크 마이 머더- 이즈

행사에 몇 명이나 참석할 것 같아요?
**How many people do you think will attend the event?**
하우 메니 피플 드유 씽크 윌 어텐드 디 이벤트

올해 첫눈이 언제 올 것 같아요?
**When do you think we will have the first snow of this year?**
웬 드유 씽크 위 윌 햅 더 풔-스트 스노우 오브 디스 이어-

# 회화 연습

🔊 280~286

- **What are your plans after graduation?**
- 글쎄, 확실한 건 아니지만 대학원에 진학할 생각이야.

  >>> M: 졸업하고 뭐할 생각이야? | W: Well, I'm not sure, but I think I'll go on to graduate school.

- **How's the new employee, Mr. Meyer, doing?**
- 우수해. 아주 중요한 인재가 되겠어.

  >>> M: 신입사원 메이어 씨 어때? | W: He's exceptional. I believe he'll be a great asset.

- 저, 이거 내가 주문한 게 아닌 것 같은데요.
- **Oh, I'm sorry. I'll bring you your food right way.**

  >>> M: Excuse me, but I don't think this is what I ordered. | W: 죄송해요. 즉시 갖다 드릴게요.

- 별건 아닌데 이거 받아. 마음에 들면 좋겠어.
- **Oh, George, thank you so much.**

  >>> M: Here is a little something for you. I hope you like it. | W: 아, 조지, 고마워.

- 전화를 잘못 하신 것 같군요.
- **Oh, I'm sorry.**

  >>> M: I'm afraid you've got the wrong number. | W: 아, 죄송합니다.

- 그러니까, 누가 네 스마트폰을 훔쳐갔을 것 같다는 거지?
- **Absolutely. I'm sure I put it on the desk.**

  >>> M: So, you think somebody stole your smart phone? | W: 분명해. 틀림없이 책상 위에 놔두었어.

- 저녁 먹으러 어디로 가면 좋을 것 같아?
- **Anywhere is fine. You decide.**

  >>> M: Where do you think we should go for dinner? | W: 어디라도 좋아. 네가 정해.

패턴이 실제 회화에서 어떻게 쓰이는지 확인해 보자!

🔊 287~293

- I'm so nervous about this presentation.
- 걱정 마. 넌 틀림없이 잘할 거야.
  >>> M: 이번 발표를 생각하면 너무 떨려. | W: Don't worry. I'm sure you'll do just fine.

- 당분간 그를 그냥 두는 게 좋겠어.
- That's what I was going to do.
  >>> M: I think you should leave him alone for a while. | W: 그러려고 했어.

- 열차 내에서 담배를 피우면 안 될 것 같은데요.
- I'm sorry.
  >>> W: I don't think you should smoke in the train. | M: 죄송합니다.

- 합격할 것 같아?
- I don't think so. I couldn't answer the third question.
  >>> M: Do you think you will pass the exam? | W: 아니. 세 번째 문제를 못 풀었어.

- 내 의상 어떻게 생각해?
- They're not bad, but I think something is missing.
  >>> W: What do you think of my clothes? | M: 나쁘지는 않은데, 뭔가 부족한 것 같아.

- CD를 좀 버려야 할 것 같다.
- But I don't want to.
  >>> M: I think you should throw away some of your CDs. | W: 그러고 싶지 않은데.

- May I speak to Jane, please?
- 전화 잘못 거신 것 같은데요.
  >>> M: 제인을 바꿔주실 수 있나요? | W: I think you must have the wrong number.

14. 의견·생각 표현 패턴  **191**

# 15 장소·시간을 묻는 표현 패턴

### Pattern 1 ||

> …은 어디 있습니까?  **Where** ─ be동사+주어 ~?
> …은 어디서 ~합니까?         └ do(조동사)+주어+동사 ~?

장소를 물을 때는 의문사 Where를 쓴다. Where 뒤는 의문문 어순이 되는데, be동사나 do(does, did) 뿐만 아니라 조동사가 오는 경우도 많다.

- **Where** is my bag? 내 가방은 어디 있어요?
- **Where** is the city office? 시청은 어디입니까?
- **Where** are you going? 어디 가세요?
- **Where** did you buy that? 그거 어디서 샀어요?
- **Where** can I get a taxi? 어디서 택시를 탈 수 있어요?

### Pattern 2 ||

> …은 언제입니까?  **When** ─ be동사+주어 ~?
> …은 언제 ~합니까?         └ do(조동사)+주어+동사 ~?

시간을 물을 때는 의문사 When을 쓴다. '몇 시'라고 정확한 시간을 물을 때는 When 대신에 What time을 쓸 수도 있다.

- **When** is your birthday? 생일이 언제입니까?
- **When** did she get married? 그녀는 언제 결혼했어요?
- **When** can I pick it up? 언제 그것을 받으러 오면 됩니까?

# 패턴 연습

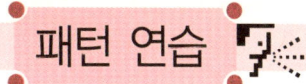

패턴을 이용해서 다양한 문장을 만들어 보자!

Pattern 1 ||

…은 어디 있습니까?
…은 어디서 ~합니까?

**Where** ─ be동사+주어 ~?
         └ do(조동사)+주어+동사 ~?

| | |
|---|---|
| 주차장은 어디에 있어요? | **Where's** the parking lot?<br>웨어-리즈 더 파-킹 랏- |
| 출구는 어디에 있어요? | **Where's** the exit?<br>웨어-리즈 디 엑짓 |
| 가장 가까운 지하철역은 어디에 있어요? | **Where's** the nearest subway station?<br>웨어-리즈 더 니어-뤼스트 써브웨이 스테이션 |
| 어디에 묵고 있어요? | **Where are** you staying?<br>웨어- 아- 유 스테이이잉 |
| 어디서 전화하는 거예요? | **Where are** you calling from?<br>웨어- 아- 유 코올링 프뤔 |
| 어디에 사세요? | **Where do** you live?<br>웨어- 드 유 리브 |
| 그거 어디서 샀어요? | **Where did** you get it?<br>웨어- 디쥬 겟 잇 |
| 어디서 택시를 잡을 수 있어요? | **Where can** we take a taxi?<br>웨어- 캔 위 테익 어 택-시 |

패턴을 이용해서 다양한 문장을 만들어 보자!

**Pattern 2** ||

…은 언제입니까?
…은 언제 ~합니까?

**When** ─┬─ be동사+주어 ~?
└─ do(조동사)+주어+동사 ~?

---

체크아웃은 몇 시죠?
**When is** the check-out time?
웬 이즈 더 첵아웃 타임

다음 버스는 언제 있어요?
**When is** the next bus?
웬 이즈 더 넥스트 버스

언제 서울을 떠나세요?
**When are** you leaving Seoul?
웬 아- 유 리-빙 쏘-울

당신 아버지는 언제 귀가하세요?
**When does** your father come home?
웬 더즈 유어- 파-더- 컴 호움

여기 언제 도착했어요?
**When did** you arrive here?
웬 디쥬 어롸이브 히어-

다음 시카고행 버스는 몇 시에 출발하나요?
**When does** the next bus leave for Chicago?
웬 더즈 더 넥스트 버스 리-브 포- 쉬카고우

결과는 언제 나오나요?
**When will** the result come out?
웬 윌 더 뤼절트 컴 아웃

언제가 좋으세요?
**When would** be convenient for you?
웬 웃 비 컨비-니언트 포- 유

# 회화 연습

패턴이 실제 회화에서 어떻게 쓰이는지 확인해 보자!

🔊 296~302

### 실례지만 올리버 씨 사무실이 어디죠?
**It's down the hall on your left.**
>>> M: Excuse me, where is Mr. Oliver's office? | W: 복도 끝 왼쪽입니다.

### 어디서 택시를 탈 수 있어요?
**You can get one in front of that hotel.**
>>> M: Where can I get a taxi? | W: 저 호텔 앞에서 타시면 됩니다.

### 지난 주에 어디 갔었어요?
**I went to Hawaii.**
>>> M: Where did you go last week? | W: 하와이에 갔었어요.

### 지하철역이 어딘지 아세요?
**Yes. Go straight and turn left at the second corner.**
>>> M: Do you know where the subway station is? | W: 네. 똑바로 가서 두 번째 모퉁이에서 왼쪽으로 가세요.

### 언제가 좋겠어?
**Next Monday would be good for me.**
>>> M: When is good for you? | W: 다음 주 월요일이면 좋아.

### 마감이 언제야?
**Just around the corner.**
>>> M: When is the deadline for the proposal? | W: 바로 코앞이야.

### 그 복사물 언제 준비돼?
**They will be done shortly.**
>>> M: When will the copies be ready? | W: 금방 돼.

15. 장소·시간을 묻는 표현 패턴

# 16 사람·사물을 묻는 표현 패턴

Pattern 1 ||

…은 누구입니까?  **Who** ─┬─ be동사(do, 조동사)+주어 ~?
누가 ~합니까?            └─ 동사 ~?

…은 누구의 ~입니까?  **Whose**+명사+be동사(do, 조동사)+주어 ~?

사람에 관해 물을 때는 의문사 Who를 쓴다. Who라고 물으면 사람 이름으로 대답한다고 알아 두자.
Whose는 Who의 소유격으로 '누구의 ~'라는 소유의 의미를 나타낸다. 소유주를 알고 싶을 때는 Whose를 사용해서 묻는다.

- **Who** is he? 그는 누구입니까?
- **Who** did you see? 누굴 봤습니까?
- **Who** told you that? 누가 당신에게 그런 말을 했어요?
- **Whose pen** is this? 이것은 누구의 펜입니까?


Pattern 2 ||

…은 무엇입니까?  **What** ─┬─ be동사+주어 ~?
…은 무엇을 ~합니까?       └─ do(조동사)+주어+동사 ~?

…은 어떤 ~입니까?  **What**+명사 ─┬─ be동사+주어 ~?
…은 어떤 …을 ~합니까?            └─ do(조동사)+주어+동사 ~?

사물에 관해 물을 때는 의문사 What을 쓴다. What이라고 물으면 구체적인 내용으로 대답하면 된다.

- **What** is that? 저것은 무엇입니까?
- **What** did you buy? 무엇을 샀어요?
- **What** day is it today? 오늘은 무슨 요일입니까?
- **What** language does he speak? 그는 어떤 언어를 합니까?

Pattern 3 ||

| 어느 것이 ~ 입니까? | **Which**+동사 ~? |
|---|---|
| 어느 …이 ~입니까?<br>어느 …이 ~합니까? | **Which**+명사 ┬ be동사+주어 ~?<br>└ do(조동사)+주어+동사 ~? |

Which는 '어느 것, 어느'라는 선택을 나타내는 의문사이다. 둘 또는 그 이상의 사물 중 하나를 선택할 경우에 쓴다.

- **Which** is yours? 어느 것이 당신 것입니까?
- **Which** is bigger? 어느 것이 더 큽니까?
- **Which** color do you prefer? 어느 색이 좋으세요/?

# 패턴 연습

**Pattern 1** ||

| …은 누구입니까?<br>누가 ~합니까? | **Who** ─ be동사(do, 조동사)+주어 ~?<br>─ 동사 ~? |
|---|---|
| …은 누구의 ~입니까? | **Whose**+명사+be동사(do, 조동사)+주어 ~? |

사진 속 남자 아이는 누구죠?  **Who is** the boy in the picture?
후 이즈 더 보이 인 더 픽춰-

문에 서 있는 남자는 누구죠?  **Who is** the man standing at the door?
후 이즈 더 맨- 스탠-딩 앳 더 도어-

누가 전화를 했어요?  **Who telephoned** me?
후 텔러포운드 미

누가 그 컵을 깼어요?  **Who broke** the glass?
후 브뤄욱 더 글래-스

어제 누굴 만났어요?  **Who did** you see yesterday?
후 디드 유 씨- 예스터-데이

내일 누가 기타를 연주해요?  **Who will** play the guitar tomorrow?
후 윌 플레이 더 기타- 트머-뤄우

이건 누구 핸드폰이죠?  **Whose cellphone is** this?
후즈 쎌포운 이즈 디스

누구의 소설을 읽어야 하나요?  **Whose novel should** I read?
후즈 너-블 슈다이 뤼-드

**패턴을 이용해서 다양한 문장을 만들어 보자!**

Pattern 2 ||   304

```
…은 무엇입니까?          What ─┬─ be동사+주어 ~?
…은 무엇을 ~합니까?              └─ do(조동사)+주어+동사 ~?

…은 어떤 ~입니까?         What+명사 ─┬─ be동사+주어 ~?
…은 어떤 …을 ~합니까?                └─ do(조동사)+주어+동사 ~?
```

| | |
|---|---|
| 이것들은 뭔가요? | **What are** these?<br>왓 아- 디-즈 |
| 사이즈가 어떻게 되세요? | **What is** your size?<br>왓 이즈 유어- 싸이즈 |
| 아침에는 주로 뭘 하세요? | **What do** you usually do in the morning?<br>왓 드유 유-주얼리 두 인 더 모-닝 |
| 이 단어는 무슨 뜻이죠? | **What does** this word mean?<br>왓 더즈 디스 워-드 미인 |
| 그의 자전거는 무슨 색이죠? | **What color is** his bike?<br>왓 컬러- 이즈 히즈 바이크 |
| 어떤 스포츠를 좋아하세요? | **What sports do** you like?<br>왓 스포-츠 드 유 라익 |
| 어떤 사이즈를 원하세요? | **What size do** you want?<br>왓 싸이즈 드 유 원트 |
| 몇 시에 만날까요? | **What time shall** we meet?<br>왓 타임 쌸 위 미잇 |

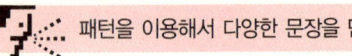
패턴을 이용해서 다양한 문장을 만들어 보자!

**Pattern 3** ||

| 어느 것이 ~ 입니까? | **Which+동사 ~?** |
| --- | --- |
| 어느 …이 ~입니까?<br>어느 …이 ~합니까? | **Which+명사** ─ be동사+주어 ~?<br>─ do(조동사)+주어+동사 ~? |

| 어느 것이 당신 짐이죠? | **Which is** your baggage?<br>위취 이즈 유어- 배-기쥐 |
| --- | --- |
| 어느 것이 사용하기 쉬워요? | **Which is** easier to use for you?<br>위취 이즈 이-지어- 트 유-즈 포- 유 |
| 셋 중에 어느 것이 가장 싸죠? | **Which is** the cheapest of the three?<br>위취 이즈 더 취-피스트 오브 더 쓰리- |
| 축구와 야구 중에 어떤 것을 더 좋아해요? | **Which do** you like better, soccer or baseball?<br>위취 드 유 라익 베러- 싸커- 오- 베이스볼- |
| 어느 쪽 자리에 앉으시겠어요? | **Which side do** you want to sit on?<br>위취 싸이드 드 유 원트 트 씻 온 |
| 어느 줄에서 기다려야 하죠? | **Which line should** I wait in?<br>위취 라인 슈다이 웨잇 인 |
| 졸업 후에 그는 어느 직업을 가졌어요? | **Which job did** he take after college?<br>위취 좝 디드 히 테익 애프터- 칼-리쥐 |
| 어느 버스가 공항으로 가죠? | **Which bus goes** to the airport?<br>위취 버스 고우즈 트 디 어에-포엇 |

# 회화 연습

패턴이 실제 회화에서 어떻게 쓰이는지 확인해 보자!

🔊 306~312

- 이걸 영어로 뭐라고 해?
- It's called a "vacuum cleaner."
  >>> M: What do you call this in English? | W: 'vacuum cleaner(진공청소기)'라고 하지.

- 내일 파티에 누가 와?
- Becky, Ken, Jenny, and some others.
  >>> M: Who is coming to the party tomorrow? | W: 베키, 켄, 제니 그리고 몇 명.

- 진입로에 있는 저 빨간 차는 누구 차야?
- It's Kari's new one.
  >>> M: Whose is that red car in the driveway? | W: 캐리의 새 차야.

- 누굴 만났다고 했어?
- I said I met a man whose wife was expecting.
  >>> M: Who did you say you met? | W: 임신중인 아내가 있는 남자를 만났다고 했는데.

- 메디슨 스퀘어 가든에 가려면 어느 방법이 좋겠어요?
- You can take the subway to get there.
  >>> M: Which way do you recommend to get to Madison Square Gardens? | W: 지하철을 타면 돼요.

- 몇 시까지 공항에 도착해야 하죠?
- I need to be there by 2:30.
  >>> M: What time do you have to be at the airport? | W: 2시 반까지입니다.

- 이번 패배는 누구 탓이지?
- I think it's nobody's fault.
  >>> M: Whose fault is this defeat? | W: 누구의 탓도 아닌 것 같아.

16. 사람·사물을 묻는 표현 패턴  **201**

# 17 정도·방법·상태를 묻는 표현 패턴

## Pattern 1 ||

> 얼마나 ~입니까?　　**How** ─ be동사+주어 ~?
> 　　　　　　　　　　　　 └ do(조동사)+주어+동사 ~?

How는 '어떻게 ~합니까?'라고 방법이나 수단을 물을 뿐만 아니라 '~은 어떤 상태입니까?'라고 모습이나 상태를 물을 때도 쓸 수 있다.

- **How** do you cook it? 그걸 어떻게 요리했어요?
- **How** did you come here? 여기 어떻게 왔어요?
- **How** can I get there? 거기 어떻게 가면 되죠?
- **How** are you? 어떠세요?(안녕하세요?)
- **How** was the trip? 여행은 어땠어요?

## Pattern 2 ||

> 얼마나 ~입니까?　　**How+형용사(부사) ~?**

How 뒤에 형용사나 부사가 와서 '얼마나 ~입니까?'라고 정도를 묻는 표현이 된다. How 뒤에는 여러 가지 형용사나 부사가 쓰이는데 회화에서 자주 쓰이는 것은 다음과 같다.

- **How many** (수)
- **How often** (빈도)
- **How long** (길이)
- **How large** (크기·넓이)
- **How much** (양·정도·가격)
- **How far** (거리)
- **How high** (높이)
- **How deep** (깊이)

- **How old** (나이)
- **How tall** (키)
- **How fast** (속도)
- **How hard** (난이도)

- **How many people** are there in a class? 한 반에 몇 명이 있어요?
- **How much** is the fare to New York? 뉴욕까지 요금이 얼마입니까?
- **How often** do you watch television? TV를 얼마나 자주 보세요?
- **How far** is it from Seoul to Pusan? 서울서 부산까지 거리가 어떻게 됩니까?
- **How long** will you be staying in New York? 뉴욕에 얼마나 머무를 겁니까?
- **How old** were you when you got married? 몇 살 때 결혼했어요?
- **How tall** is that building? 저 건물은 높이가 얼마나 됩니까?

※ 빈도를 나타내는 말을 빈도가 높은 순서부터 나타내면 다음과 같다.

| 항상 | always, continuously, all the time |
|---|---|
| 대개(보통) | usually |
| 자주 | often〈반복 횟수가 많음을 강조〉, frequently〈짧은 간격으로 반복 횟수가 많음을 강조〉, many times |
| 때때로 | sometimes, now and then〈불규칙적으로 반복〉, from time to time〈대개 규칙적인 반복〉 |
| 가끔 | occasionally, once in a while |
| 거의 ~아니다 | scarcely, hardly〈'~하기 어렵다'는 의미가 포함〉 |
| 좀처럼 ~아니다 | seldom, rarely |
| 절대 ~아니다 | never |

# 패턴 연습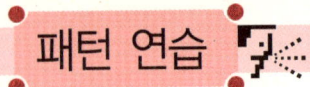

**Pattern 1 ||**  ▶ 313

| 얼마나 ~입니까? | **How** ― be동사+주어 ~? <br> ― do(조동사)+주어+동사 ~? |

날씨는 어땠어요?
**How was the weather?**
하우 워즈 더 웨더-

비행은 어땠어요?
**How was your flight?**
하우 워즈 유어- 플라잇

주말은 어땠어요?
**How was your weekend?**
하우 워즈 유어- 위익엔드

어떻게 출근하세요?
**How do you go to work?**
하우 드 유 고우 트 워억

당신 이름을 어떻게 씁니까?
**How do you spell your name?**
하우 드 유 스펠 유어- 네임

그녀의 주소를 어떻게 알았어요?
**How did you know her address?**
하우 디쥬 노우 허- 어드뤠스

장학금은 어떻게 신청하나요?
**How can I apply for a scholarship?**
하우 캐나이 어플라이 포- 어 스칼-러-쉽

이 파일을 어떻게 보내야 하나죠?
**How should I send this file?**
하우 슈다이 쎈드 디스 파일

패턴을 이용해서 다양한 문장을 만들어 보자!

Pattern 2 || 314

| 얼마나 ~입니까? | **How+형용사(부사) ~?** |

택시로 거기까지 얼마나 걸리죠?
How long does it take to get there by taxi?
하우 롱 더즈 잇 테익 트 겟 데어- 바이 택-시

여기서 당신 집까지 거리가 얼마나 되죠?
How far is it from here to your house?
하우 파- 이즈 잇 프뤔 히어- 트 유어- 하우스

전부해서 얼마죠?
How much is that in all?
하우 머취 이즈 댓 인 올-

저 다리는 얼마나 됐어요?
How old is that bridge?
하우 오울드 이즈 댓 브리쥐

열차는 몇 분마다 옵니까?
How often do the trains come?
하우 어-픈 드 더 트뤠인즈 컴

DVD를 몇 개 빌렸어요?
How many DVDs did you rent?
하우 메니 디-비-디-즈 디쥬 뤤트

자주 외식하세요?
How often do you eat out?
하우 어-픈 드 유 이잇 아웃

이 강은 폭이 얼마나 되죠?
How wide is this river?
하우 와이드 이즈 디스 뤼버-

17. 정도·방법·상태를 묻는 표현 패턴

# 회화 연습

🔊 315~321

- 시험은 어떻게 됐어?
- **I think I did well.**
  >>> M: How did you do on your test? | W: 잘 본 것 같아.

- 이 수프 맛 어때?
- **It's a little bit salty.**
  >>> M: How does this soup taste? | W: 약간 짠데.

- 그 정보를 도대체 어떻게 얻었어?
- **I read it in a magazine.**
  >>> M: How did you ever get that information? | W: 잡지에서 읽었어.

- 표를 어떻게 하면 구할 수 있어요?
- **You can get one for free at the reception desk.**
  >>> M: How can I get a ticket? | W: 프론트에서 무료로 한 장 얻을 수 있어요.

- 그 스캔들에 관해 어떻게 그렇게 상세히 아는 거야?
- **I'd rather not say.**
  >>> M: How have you learned so much about the scandal? | W: 말하고 싶지 않은데.

- 걸어서 몇 분 걸리나요?
- **About ten minutes.**
  >>> M: How many minutes on foot? | W: 10분 정도예요.

- 입장료가 얼마에요?
- **It's five dollars per person.**
  >>> M: How much is the admission? | W: 한 사람당 5달러에요.

**패턴이 실제 회화에서 어떻게 쓰이는지 확인해 보자!**

🔊 322~325

- 이 터널은 길이가 얼마나 돼?
- **It's about 500 meters.**
  >>> M: How long is this tunnel? | W: 5백미터 정도야.

- 여기서 공항까지 얼마나 걸려?
- **It takes only 10 minutes by bus.**
  >>> M: How long does it take from here to the airport? | W: 버스로 10분밖에 안 걸려.

- 그 식당은 몇 시까지 영업해?
- **Until 11.**
  >>> M: How late does the restaurant stay open? | W: 11시까지.

- You look lost. Can I help you?
- Yes, I'm looking for the El Rey Inn.
- Well, you're going the wrong way. I believe that hotel is on Cerrillos street.
- 여기서 먼가요?
- Let me see, it's about three miles to the north.
- 어떻게 가야 하죠?
- Why don't you ask a cabdriver to take you there?
- I see. Thank you for your trouble.
- No problem.

  >>> M: 길을 잃으신 것 같은데 도와 드릴까요? | W: 네, 엘 레이 호텔을 찾고 있어요. | M: 저, 반대방향으로 가시고 계시네요. 그 호텔은 셀리로즈 거리에 있을 겁니다. | W: How far is it from here? | M: 그러니까, 북쪽으로 3마일 정도에요. | W: How can I get there? | M: 택시기사에게 가 달라고 해 보세요. | W: 알겠습니다. 수고해 줘서 고마워요. | M: 별말씀을요.